KB201466

베뢰아는 왜 이단인가

베뢰아는
왜
이단인가

- 초판 1쇄 인쇄 2023년 10월 30일
- 초판 1쇄 발행 2023년 11월 3일

- 지은이   허홍선
- 펴낸이   조유선
- 펴낸곳   누가출판사

- 등록번호 제315-2013-000030호
- 등록일자 2013. 5. 7.
- 주소 서울특별시 공항대로 59다길 276(염창동)
- 전화 02-826-8802 팩스 02-6455-8805

- 정가 16,000원
- ISBN 979-11-85677-82-8   03230

허홍선 지음

베뢰아는
왜
이단인가

내가 베뢰아에서 진리로 돌아온 것은 첫째
는 하나님의 크신 은혜요, 둘째는 끊임없 는
신학 수업 때문이며, 셋째는 동역자들의 따
뜻한 격려 덕분이다. 이단에서 탈출 하고자
하는 자는 자신을 돌아보려는 의지를 가지
고 올바른 지도자를 통한 성경연구와 더불
어 끊임없는 신학 공부에 열중해야 한다. 그
럼에도 불구하고 자신이 따르는 이단 집단
이 성경의 진리와 일치한다는 결론을 내린
다면 누가 정죄해도 그 길을 계속해서 따라
가야 할 것이다.

출판사
누가

정동섭 목사 | 사이비종교피해대책연맹 총재, 가족관계연구소 소장, 전 한국침례신학
대학교 교수, 한국가정사역학회 초대회장, 한국기독교상담심리치료학회 감독, 한국교회
총연합 종교문화쇄신위원

나는 젊은 시절 진리를 찾아 방황하던 중 구원파, 몰몬교, 지방교회 등 이단
을 직접 경험하고 정통신앙으로 돌아와 이단의 정체를 폭로한 기독교상담학자
이다. 구원파 교주 유병언의 통역비서역할을 한 적이 있었기 때문에, 오대양, 세
월호 사건이 일어났을 때 구원파에 대해 증언할 수 있었다. 나는 구원파의 내부
고발자이다. 현재 여러 이단들이 한국교회에 기생하며 암세포와 같이 그리스도
의 몸을 파괴하고 있다. 이를 조금이라도 막기 위해 〔구원파를 왜 이단이라 하
는가〕, 〔구원개념 바로잡기〕, 〔지방교회의 실체〕, 〔어느 상담심리학자의고백〕이
라는 책을 출간하였다.

이 책의 저자 허홍선 목사는 한 때 김기동 베뢰아 집단의 2인자로 활동했던
베뢰아의 내부고발자이다. 그는 1980-1990년대 베뢰아 아카데미가 왕성하게
이단사상을 퍼트리던 시기에 김기동의 오른 팔로 활동하며, 이 사상을 전파하다
가 도미하여 해외유수의 신학대학원에서 정통신학을 공부하며, 베뢰아의 이단
성을 간파하고 정통교회로 돌아온 목회자이자 신학자이다. 따라서 저자 허 목사
의 증언에는 강한 설득력이 있다.

진리는 보편타당성(universal validity)이 있는 것이다. 때와 장소를 초월하
여 대상의 모든 것에 대하여 예외 없이 유효한 것, 즉 일반적으로 보편타당
성을 가진 인식을 진리라고 한다. 기원후 5세기에 활동했던 신학자 빈센티
우스(Vincentius)는 정통과 이단을 판가름하는 세 가지 질문을 남겼다. : ①
어디서나(everywhere) 그렇게 믿었는가? ② 항상(always) 그렇게 믿었는가?

③ 모든 사람(everyone)이 그렇게 믿었는가?

이제 독자들이 읽으면서 확인하겠지만, 김기동 씨가 주장한 베뢰아사상은 성경적으로 신학적으로 역사적으로 정통적이지 않다. 그의 사상은 침례교, 루터교, 개혁교, 성공회 등 역사적인 기독교회들에게서 발견할 수 없는 이단적인 사상(계시론, 신론, 인간론, 기독론, 성령론, 교회론, 종말론 등의 영역에서.)으로 "기독교한국침례회"를 비롯하여 한국의 거의 모든 교단들은 베뢰아를 이단으로 규정했다.

현재 베뢰아집단은 여러 분파로 갈라졌다고 하는데, 나는 이단전문가의 한 사람으로서, 이 책이 이 분파들에 속한 성도들을 재교육시키는 교재로 사용되기를 바란다. 허홍선 목사님과 내가 잘못된 신앙(신학)에 미혹되었다가 그리스도 안의 참 신앙으로 전향(회개; conversion: 돌이킴)했듯이, 이 책이 바른 교훈(sound doctrine)으로 돌아오게 하는 길잡이가 될 것을 바라마지 않는다. 목회자, 신학자, 신학생, 바른 신학에 관심 있는 평신도 모두에게 일독을 권한다.

최삼경 목사 | 〈빛과소금교회〉 원로목사, 〈교회와신앙〉 편집인

지금 한국교회에 100여만 명도 넘는 영혼들이 이단에 빠져 있다는 사실을 잘 알고 있다. 그만큼 이단에 빠질 일반적, 교회적, 사상적 원인이 높다는 말이다.

한국교회에는 몇 개의 대표적 이단 계보가 있는데, 그 중에 하나가 소위 '귀신파'다. 김기동, 이초석, 이명범, 한만영, 류광수, 김광신 등이 여기에 속하고, 그 중에도 가장 대표적인 사람이 바로 김기동 씨(베뢰아카데미, 성락교회)다.

그동안 본인은 이단들과 논쟁도 하고, 적지 않게 비판 기사도 썼고, 또 이단 개종 상담도 했던 자로서 볼 때, 이단에서 나온 분들은 두 종류의 사람으로 분류된다. 하나는 진리를 발견하고 이단에서 비록 나오기는 하였지만 오히려 이단에 대하여 언급하기도 싫어하는 사람이 있고, 반대로 그것을 사명의 동기를 삼아 이단연구도 하고 이단 대처에 열심을 내는 사람도 있다. 후자가 훌륭한 사람이다. 역사적으로 그 중에 대표적인 사람이 어거스틴(Augustine)일 것이다.

허홍선 목사님도 후자에 속한 분이다. 아무리 이단연구가가 연구를 잘 하여도 내부에서 보고 경험한 사람의 정보를 따라 갈 수 없다. 허 목사님은 김기동 귀신 파에 대하여 누구보다 더 잘 아는 분이지만, 그 후에 아주 오랜 기간 동안 정통신학을 공부한 분으로 귀신파 최고의 변증가임을 의심하지 않으며, 허 목사님의 이 책으로 인하여 귀신파에 속한 많은 영혼들이 돌아오게 되고, 또 목회자들, 신학생 그리고 신학자들에게까지 큰 유익을 줄 것을 믿어 기쁘게 추천하는 바이다.

고명진 목사 | 수원중앙교회 담임목사, 기독교한국침례회 77대 총회장 역임, 학교법인 예닮학원 이사장, 수원중앙복지재단 대표이사

김기동 목사의 베뢰아 사상은 한국교회에 지대한 영향을 미친 바 있으며, 현재도 진행형이다. 저자는 서울성락교회가 개척할 당시부터 그곳에서 성장하고 목사 안수를 받아 수석 부목사로, 베뢰아국제대학원대학교 설립자 중 하나로, 베뢰아 아카데미 담당목사로 오랫동안 베뢰아에 몸을 담았던 베뢰아 출신 목회자로 시카고와 달라스 등지에서 목회하다가 베뢰아의 이단성을 깨닫고 진리로 돌아온 복음의 동역자이다. 하나님의 은혜 가운데 끊임없는 신학 수업과 주위 동역자들의 사랑과 도움으로 회심하였으며, 이제는 정통신앙의 수호자로써 많은 이들을 진리 가운데로 인도하고 있는 목회자이다. 이 책은 베뢰아 아카데미 담당목사로서 성락교회에서 오랫동안 사역했던 저자가 내부 고발을 통해 내놓은 결실이며, 독자들로 하여금 베뢰아 김기동의 사상이 왜 잘못된 것인지 깨닫는데 큰 도움을 줄 것으로 믿는다.

박정근 목사 | 부산영안교회 담임목사, 한국침례신학대학교 특임교수, 미래목회준비 연구모임 이사

이단은 이미 오래 전, 초대교회 시절부터 성도들을 괴롭혀 왔다. 지금도 그들

은 여전히 활동하고 있다. 그 중 교회에 교묘하게 침투한 이단 중의 하나가 바로 베뢰아이다. 금번에 비록 늦은 감이 있지만 베뢰아의 잘못된 교리를 자세하게 파헤친 책이 나온 것은 한국교회에 큰 축복이 아닐 수 없다.

본서는 베뢰아를 직접 베뢰아를 경험했고, 베뢰아에서 운영하는 신학교에서 핵심을 담당했던 자가 저술했다는 면에서 그 의미가 크다. 이러한 저자의 경험으로 그는 베뢰아의 잘못된 진면목을 여과없이 드러내고 있다. 저자는 미국 신학교에서 신학을 공부하면서 자신이 빠졌던 베뢰아가 성경적으로 잘못된 것을 발견하고 돌아섰다. 인간적인 면에서 한때 몸담았던 곳을 공격하는 것이 쉽지 않았을 터임에도, 그는 한국교회 성도들과 하나님 나라를 위해 펜을 들었다. 나는 그의 이러한 믿음의 용기를 높이 사고 싶다.

이단을 연구하는 것은 성경의 교리를 이해하는데 도움을 준다. 이런 면에서 본 저서는 성도들의 올바른 교리에 대한 지식에 많은 도움을 줄 것이다. 모든 그리스도인들에게 일독을 권한다.

한명국 목사 | 기독교한국침례회 총회장 역임, 침례교세계연맹(BWA) 부총재 역임, 한국기독교총연합회 이단사이비대책위원장 역임

허홍선 목사는 한국교회에서 이단으로 규정한 베뢰아사상에 정통한 자로 성락교회에서 주요 핵심인물을 역임한 자이다. 그 후 오랜시간 정통신학을 수학하여 정통신앙의 수호자로써 많은 이들을 진리가운데로 인도한 신실한 목회자요 탁월한 신학자이다. 이 책은 저자의 이단사이비 대책사역의 평생 결실이 농축된 자료로써 베뢰아 김기동의 사상을 이해하고 그 잘못된 사상을 교정하는데 큰 도움을 줄 것이다.

오늘날에도 베뢰아 김기동 사상과 그 아류들은 한국교회를 비롯하여 제3세계를 비롯한 전 세계에 지대한 영향을 미치고 있기에 그 문제성이 심각하다 하겠다. 이러한 현실을 감안할 때에 여러분들은 이 책을 읽음으로 진리를 더욱 깊

이 알게 되고, 잘못된 사상을 교정하고 예방하게 될 것을 믿어 의심하지 않는다. 이에 본인은 오래 전부터 준비된 이 책의 출간을 진심으로 축하드리며, 한국교회 목회자를 비롯하여 평신도에 이르기까지 필독하실 것을 강력하게 추천하는 바이다.

유홍근 목사 | 시카고 워키간 한인침례교회 담임목사

저자는 1996년부터 지금까지 복음의 동역자로 함께 해온 자이다. 시카고 노던신학교, 미시건 칼빈신학교, 그리고 켄터키 루이빌 서던침례신학교에서 수학을 하였고, 진리의 강단을 교류했던 복음 사역자이다. 최근에 저자가 내놓은 베뢰아 사상 비판은 지난 30년 동안 저자가 미주 각 지역에서 세미나를 통해 공개했던 내용으로 독자들에게 많은 지식을 제공할 것이다. 특히 베뢰아 사상에 젖은 영혼들이 진리로 돌아오는데 결정적인 역할을 할 것으로 기대하는 바이다. 아무쪼록 이 책이 한국교회에 하나님의 진리의 빛을 비추는 등대가 되길 소망하면서 강력하게 추천하는 바이다.

조동선 목사 | 한국침례신학대학교 조직신학 교수, 前 Southwestern Baptist Theological Seminary 교수(Systematic and Historical Theology)

이 책은 과거 베뢰아라는 이단 신학을 진리로 믿고 그것을 헌신적으로 가르쳐 왔던 저자 허홍선 목사께서 하나님의 놀라운 은혜로 참 복음을 발견한 후 하나님과 한국교회 앞에 참회하는 마음으로 저술한 것이다. 교부 어거스틴이 자신이 마니교의 가르침을 전파했던 죄를 회개하며 마니교의 이단적 가르침을 폭로하고 성경적 입장에서 비판하는 저술을 남겨 하나님의 교회들을 도왔다. 본 추천인은 허 목사님의 책에서 당시 마니교도들을 진리로 회복하고자 헌신했던 어거스틴의 신학적 열망을 느낄 수 있었다.

저자는 베뢰아 신학에 대한 일차자료를 직접 사용하여 독자들이 베뢰아 신학의 이단성을 분명하게 인식할 수 있도록 큰 도움을 제공한다. 이 책은 공헌은 베뢰아의 복잡한 신학적 문제점을 잘 설명했을 뿐만 아니라 베뢰아가 왜곡시켜 놓은 주요 신학적 이슈에 대한 역사적인 기독교의 정통 신학의 응답을 제시하려고 했다는 것이다. 베뢰아의 귀신론 뿐만 아니라 베뢰아 신학의 A부터 Z에 나타난 비 성경적이며 이단적인 요소에 대한 총체적인 진단을 제시하였다. 이 책의 마지막 부분에 있는 베뢰아의 이단적 사상에 영향을 받은 많은 교계의 단체들에 대한 간략한 보고는 우리가 왜 그런 단체들과 교제할 수 없는지에 대한 분명한 신학적 이유를 제시하였다. 이 책은 베뢰아의 사상으로 인해 어려움을 겪고 있는 분들과 그들을 도와주어야 할 교회의 성경 교사들과 신학자들이 꼭 읽어야 할 작품이다. 독자는 이 책을 통해 베뢰아의 신학적 문제점 뿐만 아니라 이와 유사한 삼위일체론, 창조론, 인간론, 죄론, 구원론 등을 주장하는 다른 이단적 가르침에 대해서도 성경적으로 비평할 수 있는 유익을 얻게 될 것이다.

강경호 목사 | 한국이단상담목회연구소 대표

산을 보는 시선으로는 두 측면이 있습니다. 멀리서 산 전체를 보면서 판단하는 시각이 있다면 산속으로 들어가 개개에 나무나 바위를 보는 느낌은 다를 것이다. 이에 그동안은 밖에서 베뢰아를 하는 김기동 목사의 문제가 되는 귀신론 등을 중심으로 하여 비판하면서 여러 교단에서는 규정을 했다. 그러나 이제 내부에서 김기동 목사의 핵심적인 자리에서 계시던 분이 더 상세하게 보고, 그 현장에 소식과 그 실체를 알려 주시고자 책을 집필하여 출판한다는 소식을 접하고 매우 반갑게 생각하였다.

출판하고자 하는 책에 내용을 읽으면서 귀신론 만이 아니라 본 추천자도 많은 새로운 사실을 알게 되었다. 특히 잘못된 계시론, 천사론, 신론, 기독론, 성령론, 인간론, 구원론 등 김기동 목사의 측근에서 계시던 목사님께서 전반적인 부분을 잘 지적해 주고 있다. 또한, 김기동 목사의 '광시체험'과 같은 비성경적인 신비주의 체험을 지적하고 있으며, 현재 논란이 계속되고 있는 인터콥의 최바울 선교사에 대한 실체도 언급하고 있음에 고무적인 느낌을 받고 있다.

이제 바라는 마음은 성락교회가 허홍선 목사님이 출판한 이 책을 통하여 베뢰아의 실상을 깨닫고 건전한 교회로 거듭나는 계기가 되었으면 한다. 또한, 정통교회를 섬기는 분들도 이 책을 통하여 김기동 목사의 베뢰아와 같이 미혹된 교리 등에 넘어가지 않는 밑거름 역할도 해주기를 기대하면서 기쁜 마음으로 추천한다.

박형택 목사 | 한국기독교이단상담연구소 소장

오랫동안 한국교회에 악영향을 미쳤던 귀신론의 원조요 이단으로 규정되었던 베뢰아 김기동아래 머물면서 베뢰아 사상을 정상이라고 여기면서 활동을 했던 허홍선 목사가 정통신학과 신앙으로 돌아온 사실은 정말 놀랍고 감사한 일이다. 저도 이단연구가중 한 사람이지만 외곽에서 김기동의 책과 설교를 통해서만 그의 이단적인 사상과 행위와 죄악들을 분석하고 알았지만 허홍선 목사는 근거리에서 직접 김기동의 실체와 그 사상과 행위를 오랫동안 보고 체험했던 당사자로서 그 실상을 드러내고 그 이단적인 사상과 왜곡된 교리들을 적나라하게 파헤쳐서 그것을 책으로 내게 된 것은 실로 귀한 일이 아닐 수 없다.

허홍선 목사가 쓴 책의 원고를 살펴보면서 전에 알지 못했던 내용도 알게되고 이미 알고 있었던 이단적인 내용도 또 한번 확인할 수 있는 계기가 되었다. 오랫동안 이단을 경험하고 그 사상에 물들었던 장본인이 지금까지 배우고 알았던 것들이 얼마나 잘못되고 위험한 것인지 알았다는 것은 경험해 보지 않은 사람은 알기 어려울 것이다.

저는 오랫동안 이단상담을 해 오면서 수많은 사람들이 이단에서 오랫동안 잘못된 사상과 이단에 빠져 철저하게 이용당했던 사람들이 상담을 받고 회심한 후에 그들이 자괴감과 죄책감 때문에 고통스러워하는 것을 많이 보아왔다. 하지만 이단을 경험한 분들의 이단대처에 대한 마음과 경각심은 더욱 크고 강렬한 것을 볼 수 있었다.

허홍선 목사도 자신이 오랫동안 이단에 매여 있었던 만큼 이 책을 출판하는 계기를 통해서 더욱 이단을 연구하고 이단을 대처하는데 더욱 열정적이고 헌신적인 사역자가 될 것을 기대하게 된다. 앞으로 한국교회에 이단연구에 있어 귀한 인재로 하나님께 쓰임받는 사역자가 될 것을 바라면서 이 책을 추천하는 바이다.

김종걸 목사 | 한국침례신학대학교 신학대학원 기독교철학 교수, 한국기독교철학회 회장, 한국기독교총연합회 이단사이비대책위원 역임

허홍선 목사의 『베뢰아는 왜 이단인가』(도서출판 누가, 2023)가 출간된 것은 한국기독교계에 이단에 대한 경종을 다시 한 번 알리는 경사가 아닐 수 없다. 기독교한국침례회는 1987년 성락교회(김기동 목사)를 이단으로 규정했고, 그 이후 대다수의 한국교회 주요교단들도 성락교회와 김기동 목사의 베뢰아 사상을 이단으로 규정했다. 베뢰아 사상은 비성경적 귀신론과 네피림 천사론, 음부론 등으로 이단성 논란을 야기하는 교리를 내세웠다. 특히 무속신앙과 결합한 귀신론을 통해 귀신들의 존재를 하나님과 맞설 수 있는 존재로 격상시켰으며, 모든 인간 삶의 양태가 귀신으로부터 오는 것으로 강조함으로써 공포를 유발하여 영혼을 도둑질하는 이단으로 한국교회에서 규정되어 왔다. 이러한 사이비 이단 문제는 단순히 교계적인 차원을 넘어서 사회전반에 악영향을 끼치는 파괴적이고 무서운 일임을 알아야 한다.

이 책은 오랫동안 성락교회 수석부목사로 베뢰아아카데미, 베뢰아국제대학원대학교에서 가르쳤던 핵심 인사가 베뢰아가 왜 이단인지를 깨닫고 회심하여, 1999년부터 24년간 '베뢰아 이단세미나'를 통해 강의했던 자료들을 엮어 출판

한 저술이다. 그동안 한국교계 안에 엄청난 신학적 문제를 일으키고 그 영향 적지 않았던 베뢰아 사상과 관련하여 연구한 논문이나 저술 등이 있지만, 어떻게 보면 베뢰아 사상의 주도적인 역할을 수행했던 내부인이 베뢰아 사상의 이단성을 정확하게 안내하는 저술은 한국기독교계를 위한 기여라고 말할 수 있다.

저자는 베뢰아의 핵심사상이 담겨있는 〈베뢰아 원강〉(2004년 출간)에서 베뢰아 사상을 소개하고 조목조목 이에 대한 비판을 하고 있다. 특히 김기동 목사의 '광시체험'과 '하나님의 의도'는 분명 잘못된 이단사상임을 이야기하고 있다. 저자는 이 책에서 베뢰아 사상의 귀신론뿐만 아니라 신학의 모든 분야에서 얼마나 신학적인 오류가 심각한지를 잘 설명하고 있다.

지난 140년의 한국교회 역사 안에 수도 없이 이단사상으로 몸살을 앓고, 사회에 대한 부정적 이미지로 위기를 겪는 한국교회는 사역자(목사)가 하나님의 영광을 가로채는 것에 대하여 경계해야 한다. 아울러 신학에 대한 정확하고 깊은 이해로 하나님의 말씀과 예수 그리스도의 능력, 성령의 도우심을 의지하며 성화의 삶을 이루어 나가야 한다. 특히 인본주의 사상이 득세하는 한국교회는 예수 그리스도의 복음을 기반으로 하는 복음주의 신학의 가르침을 통해 한국교회를 섬겨야 하는 사명을 잊어서는 안된다. 자정능력 마저 잃은 한국교회가 이제는 신학과 윤리적인 개혁을 이뤄 시대를 이끄는 공동체 교회를 만드는 것이 중요하다.

나는 『베뢰아는 왜 이단인가』를 꼼꼼히 읽어 나가는 가운데 베뢰아 사상의 신학적이고 도덕적인 문제점을 제대로 알고 비판하여, 기독교 신앙을 새롭게 정립하는 훈련이 될 것이라고 생각한다. 그리고 이러한 저자의 필적은 쉽게 읽혀지고, 명쾌한 것이라고 확신한다. 『베뢰아는 왜 이단인가』는 한국교회 안에 이단의 무서움을 알려주고 하나의 신앙적, 신학적 이정표 역할을 하게 될 것으로 평가된다. 본 저서는 오늘날 신학적인 오류로 이단사상에 물든 기독인들이 진정한 기독교적 안목으로 살기 위하여 반드시 읽어야할 훌륭한 길잡이다.

유영권 목사 / 빛과소금의교회 담임목사, 예장합신 이단대책위원장, 10개교단이단대책위원장협의회장, 한국종교(이단)문제연구소장

한국에는 이단 관련 집단이 대략 200 곳이 있으며, 그곳에 빠진 사람이 200만 명 정도라고 한다. 이단에 의한 피해는 여전히 진행 중이다. 이단에 의해 교회가 무너지고, 가정이 파괴되며, 아까운 인생들이 파멸의 길을 걷고 있다. 그런데도 한국교회의 이단 퇴출을 위한 정서와 전략은 이단 집단의 성장을 넘어서지 못하고 있다. 따라서 미래의 한국교회 역시 이단의 피해를 피하지 못할 것이다. 이단을 퇴치하려면, 이단을 바르게 알고, 이단 퇴출을 위한 걸 맞는 전략과 지혜를 모아야 하고, 한국교회가 연합을 하여야 한다. 이런 상황에서 허홍선 목사님의 저서는 매우 중요한 자료를 제공하고 있다.

이단과 관련하여 그들의 주장 자체의 심각성에 따라 이단 규정이 좌우되지만, 이단에 의한 피해는 주장하는 내용 자체의 심각성에 비해 대중의 심리를 어느 정도 이끌어낼 수 있는가에 달려있음을 경험을 통해 확인한다. 김기동의 '귀신론'은 내용의 심각성을 가지고 있는 것은 물론이고, 이에 더해 종교성을 가지고 있는 신자들의 심리를 움직일 수 있는 내용을 담고 있다. 이것이 김기동의 베뢰아 집단이 한국교회에 많은 해악을 끼친 배경인데, 병을 치유하고, 문제를 떨쳐낼 수 있기를 바라는 것은 종교성을 가진 사람들의 신앙적 욕망이기 때문이다. 이런 경우 막아도 막아지지 않는 특성을 발휘한다. 이제 김기동은 세상에 있지 않지만, 그에 의해 파생된 집단이나 혹은 그의 주장과 동일하거나 유사한 자생한 집단들에 의해 앞으로도 교회가 어려움을 당할 것이 틀림없다.

허홍선 목사님은 오랜 시간을 김기동과 가장 가까이서 함께 하였다. 다행스럽게 김기동의 주장이 반성경적임을 알게 되는 기회를 통하여 김기동의 문제를 고발하는 역할을 하게 된 점은 이단 사역을 하는 입장에서 매우 감사한 일이 아닐 수 없다.

허홍선 목사님의 김기동에 대한 비판은 그의 인생 중에 가진 목격과 경험에 바탕하고 있다. 따라서 사실을 알리고 있으며, 심각성을 충분히 일깨워주고 있

다. 허홍선 목사님의 저서는 한국교회에 영적인 해약을 끼친 김기동의 베뢰아 아카데미의 '귀신론'을 비롯하여 이단 자체의 심각성을 더욱 강력하게 인지하게 할 것이고, 무엇보다도 김기동의 주장과 유사한 반성경적인 주장에 대해 바른 판단을 하는데 잣대의 역할을 충분히 하리라는 희망을 품게 한다. 소망대로 한 국교회를 위해 효과가 일어나기를 바라며, 목회자들은 물론이고, 모든 성도들께 서 꼭 일독하시기를 추천한다.

최근 OTT 플렛폼을 통해 방영된 다큐멘터리 〈나는 신이다. 신이 배신한 사람들〉에 등장한 이단 교주들의 해괴한 모습은 전 세계인들에게 엄청난 충격을 안겨 주었다. 이것은 그동안 사이비 이단에 대해 무관심한 태도를 보여왔던 자들은 물론 기독교에 대해 잘 알지 못하는 일반인들에게 사이비 이단 종교가 얼마나 무섭고 파괴적인지 깨닫는 계기가 되었다.

베뢰아 창시자이며 서울 성락교회 원로감독이었던 김기동 목사가 2022년 10월 22일(토) 84세를 일기로 사망했다. 대부분의 한국의 정통 교단들은 일제히 베뢰아와 김기동 목사를 이단으로 규정하였는데 이는 유례가 없는 일이다. 그는 직간접적으로 한국교회에 많은 영향을 끼친 인물로, '불신자가 죽으면 귀신이 된다'는 한국적 무속신앙과 혼합한 귀신론을 펴뜨린 자로서, 귀신을 쫓는 축사(逐邪) 현장에서 자신이 체험한 것을 토대로 '베뢰아 귀신론'을 정립하였다.

현재 서울 성락교회는 2017년 개혁측과 비개혁측으로 분열되어 7년째 법정 다툼을 하고 있다. 개혁측은 김기동 목사의 부도덕과 비성경적 교리를 배격하고 한국교회의 일원으로서 활동하겠다는 입장을 표명하고 있으며, 비개혁측은 베뢰아를 고수하고 있다.

내가 이 글을 쓰기까지 30년이란 세월이 지나갔다. 이 글은 어느 특정인의 인격을 비방하거나 폄훼하기 위해 쓰여진 것이 아니다. 이 글의 첫째 이유는 성경의 진리를 떠난 거짓 복음을 추종했던 나의 과거를 하나님 앞에서 회개하고 깊이 반성하기 위함이다. 둘째는 내가 가르치는 베뢰아를 성경의 진리로 믿고 이 세상을 떠난 성도님들 앞에 깊이 사죄하기 위함이다. 그분들께 용서를 비는 기회를 잃었으니 이렇게나마 잘못을 뉘우치면 주님께서 나를 용서해 주실 것을 믿는다. 마지막으로 베뢰아 이단에서 진리로 돌아온 나를 그리스도 안에서 한 형제로 받아준 분들께 감사하는 마음으로 글을 쓴다. 필력이 부족한 관계로 여기저기 미숙한 점들을 많이 발견하겠지만 사랑으로 덮어 주길 바란다.

나는 원래 성결교회에서 신앙생활 하다가 서울 성락교회에 등록한 부모님을 따라 중학생 시절인 1972년 성락교회에 등록하였다. 당시 성락교회가 우리 집 근처에 개척할 때였다. 성락교회에서 중고등부 시절을 보내고 강남중앙침례교회 고(故) 김충기 목사님이 인도하는 부흥집회를 통해 하나님의 부르심을 받은 나는 한국침례신학대학교 신학과를 졸업하고, 육군 2사단 노도부대 군종장교로 사역하였으며, 1985년 전역 후 성락교회로 복귀하였다. 그 후 1992년 도미(渡美)할 때까지 부목사로 교구를 담당하면서 베뢰아아카데미 행정담당 목사, 베뢰아국제대학원대학교 초대 교학과장을 지내며 베뢰아 후진들을 양성하였다.

1992년 7월, 베뢰아 이단시비로 인해 위축되고 시들해진 미국의 베뢰아 운동을 다시 부활시켜야겠다는 사명감을 가지고 시카고 성락교회 담임목사로 부임하였다. 그러나 시카고 성락교회 역시 베뢰아 이단시비로 인해 다른 교회와의 교류가 일체 금지되었으며, 시카고 한인교회에서 외톨이 신세가 되고 말았다. 교회가 공동체 안에서 교류하지 못하고 고립되면 교회성장은 물론, 교회로서의 사명을 감당할 수 없게 된다. 그러나 대부분의 이단들은 그것을 그리스도를 위한 핍박으로 여기고 더욱 고립을 지향하면서 결속력이 강화되기 마련이다.

미국 유학에 대한 열망이 강했던 나는 시카고 성락교회를 담임하면서 시카고 롬바르드에 있는 노던신학교(Northern Baptist Seminary) 목회학 석사과정(M.Div.)에 입학하였다. 3년 동안 신학수업을 마치고 졸업식이 다가왔을 때, 나는 예기치 않은 난관에 부딪혔다. 그것은 내가 성락교회 목사라는 이유로 노던신학교 한국인 학생들이 학교측에 나의 졸업에 대해 이의 신청을 했기 때문이다. 학교측은 나에게 한국인 학생들이 보낸 편지를 보여주며 졸업이 어렵게 되었다고 말했다. 놀라움을 금할 수 없었지만 학장과 졸업 면담을 하는 과정에서 희미하나마 베뢰아의 정체를 알게 되었고, 정통 신앙고백을 하는 조건으로 1996년 6월 22일 졸업했다.

노던신학교를 졸업하고 난 후 나는 베뢰아의 가르침에 대한 믿음이 흔들리기 시작했다. 내가 수십 년 동안 베뢰아에서 공부한 아담과 네피림, 귀신의 정체, 삼위일체 등 많은 부분들이 대부분 비성서적이며 거짓된 것임을 깨달았기 때문이다. 그때 내 심정이 어떠했는지 이단에서 떠나 진리로 돌아온 자들은 가름할 수 있을 것이다. 그 후 나는 주일이 돌아오면 강단에서 설교하는 일이 너무 두렵고 싫었다. 내가 확신할 수 없는 설교를 할 수 없었기 때문이다. 어찌 위선의 가면을 쓰고 전할 수 있단 말인가!

1996년 6월, 노던신학교 졸업 후 텍사스 달라스 성락교회로 사역지를 옮겼지만, 달라스에서도 여전히 성락교회는 이단 교회로 인식되어 교제가 금지되었다. 그러나 이것보다 더욱 나를 힘들게 했던 것은 내가 믿고 따르던 베뢰아의 가르침에 대한 불신과 이에 따른 번민이었다. 3년 동안 번민에 빠져 있던 나에게 신학 공부에 대한 또 한 번의 기회가 찾아왔다. 미시간 그랜드레피즈에 있는 칼빈신학교 교수로 재직하던 김연택 박사께서 칼빈신학교(Calvin Theological Seminary)를 소개해 주신 것이다. 나는 신학석사과정(Th. M.)에 입학하여 신학을 공부할 수 있게 되었다. 침례교 목사인 나는 칼빈신학교에서의 신학 공부를 통해 정통 개혁신학에 대한 목마름을 해소하였고, 이것은 내가 하나님의 진리를 더욱 깊이 연구할 수 있는 소중한 기회였다.

칼빈신학교에서 함께 공부했던 친구들 중에 총신대를 졸업한 이홍찬 목사가 있다. 이홍찬 목사는 내가 예장합동측에서 이단으로 규정한 달라스 성락교회 담임목사라는 것을 알았음에도 불구하고 그리스도 안에서 한 형제로 따뜻하게 대해주었다. 그 후 이홍찬 목사는 훼이스 기독대학교 신학대학원 국제학부 아시아 담당 부총장으로 재직하였고, 은퇴한 후에도 후배들을 양성하는 일에 헌신하고 있다. 내가 베뢰아를 떠난 진리로 돌아온 것은 이러한 친구와 은사를 만난 결과이며, 이 모든 것은 하나님의 크신 사랑이다. 또 하나님께서는 진리를 사모하는 나에게 켄터키 루이빌에 있는 남침례신학교(Southern Baptist Seminary)에서 신학을 공부할 수 있는 기회를 주셨다. 그곳에서 나는 현재 시카고 워키간 한인침례교회를 담임하고 있는 유홍근 목사를 만나 진리의 동역자로 교제할 수 있었으며, 지금도 여전히 주 안에서 함께 동역하고 있다.

어떻게 해서라도 진리로 돌아오고 싶은 열망 가운데 신학 공부를 계속하면서 1998년 달라스에서 워싱톤 버지니아로 목회 사역지를 옮겼고, 베뢰아를 완전히 탈퇴하였으며, 성락교회라는 교회명을 쓰지 않았다. 그리고 미국 남침례회(Southern Baptist Convention)와 워싱톤 한인교회협의회에 가입하였으며, 한국침례신학대학교 동기였던 김재호 박사의 소개로 애난데일에 위치한 워싱톤 침례대학교(현, Washington University of Virginia)에서 학생들을 가르쳤다.

2000년, 메릴랜드와 워싱톤 한인침례교협회의 초청으로 워싱톤 순복음교회에서 '베뢰아 이단 세미나'를 시작으로 플로리다주를 비롯한 미주 전역을 돌면서 베뢰아 이단성을 폭로하기 시작했다. 지금까지 하나님께서는 한국의 목사들과 동역자들을 만날 수 있는 복을 베풀어 주셨다. 특히 한국교회의 이단들을 파헤치는 일에 헌신해 오신 최삼경 목사님, 그리고 처음부터 끝까지 이 책을 위해 큰 격려와 지도를 아끼지 않으신 정동섭 교수님, 그리고 여러 동역자들에게 감사의 마음을 전한다. 또한 원고정리와 수정작업에 수고해 주신 John Kim 전도사님께 감사의 마음을 전한다.

이 글은 1999년부터 2023년까지 진행해 오던 '베뢰아 이단세미나'에서 사용했던 자료들을 정리하여 엮은 것이다. 그동안 한국의 기라성 같은 전문가들이 베뢰아 이단성을 지적해 왔지만 성락교회 개척 교인으로서, 성락교회 수석 부목사였던 자로서, 베뢰아 아카데미 책임자로서, 베뢰아 아카데미 1기부터 20기까지 모두 수강했던 자로서, 베뢰아국제대학원대학교 서울침례신학교(현 베뢰아국제대학원대학교)초대 교학과장이었던 자로서 선행된 이단성의 지적은 아쉬움이 있었으며 베뢰아의 이단성을 직접 논하는 것은 또 다른 의미가 있을 것이다.

내가 베뢰아에서 진리로 돌아온 것은 첫째는 하나님의 크신 은혜요, 둘째는 끊임없는 신학 수업 때문이며, 셋째는 동역자들의 따뜻한 격려 덕분이다. 이단에서 탈출하고자 하는 자는 자신을 돌아보려는 의지를 가지고 올바른 지도자를 통한 성경연구와 더불어 끊임없는 신학 공부에 열중해야 한다. 그럼에도 불구하고 자신이 따르는 이단 집단이 성경의 진리와 일치한다는 결론을 내린다면 누가 정죄해도 그 길을 계속해서 따라가야 할 것이다.

I.

한국 정통교회의
성락교회와
베뢰아에 대한
이단 규정

◆ ◆ ◆

한국 정통교단에서는 무려 8개 교단에서 베뢰아 김기동목사를 이단이라고 발표하였다. 김기동이 소속되어 있던 기독교한국침례회(1988)를 비롯한 예장합동(1989. 1991), 예장고신(1991), 개혁, 합신(1991), 예장통합(1987-1996), 기감(1991), 기성(1994), 한기총(2003)이 일제히 베뢰아 성락교회 김기동을 이단으로 규정한 것이다. 이는 한국 교회사상 유례가 없는 일이다. 이 중에 김 씨가 소속해 있던 기독교한국침례회와 한국 교회의 대표적인 교단이라 할 수 있는 대한예수교장로회 통합측의 김기동에 대한 이단 규정을 알아본다.

첫째, 기독교한국침례회의 공식자료는 다음과 같다.

1988년 기독교한국침례회(이하 기침) 총회는 "김기동과 베뢰아 아카데미의 정체"라는 제하의 글에서 다음과 같이 공식 발표하였다.

기독교한국침례회는 김기동 씨의 "베뢰아 아카데미"를 주축으로 구성된 소위 "기독교 남침례회"의 과장된 선전과 다른 점을 다음과 같이 밝히오니 현혹됨이 없으시기 바랍니다. 김기동 씨는 1987년 9월 30일 기독교한국침례회 제77차 연차총회에서 제명 직전에 사과하며 탈퇴를 선언하고, 추종교회들을 규합하여 소위 "기독교 남침례회"라는 교단을 구성하였습니다.

그들은 수백 교회가 기독교한국침례회 총회를 탈퇴하고 그들을 추종할 것이라고 호언장담하였으나, 1988년 8월 1일 현재 1,400여 개 본 교단 산하 교회 중 단 서너 교회만이 탈퇴하여 그들의 집단에 가맹하였습니다. 그들은 미국 남침례교의 명칭을 이용하여 각종 유인물을 인쇄 배포하고, 비성서적 집회를 가짐으로써 교단 안팎으로 적지않은 오해와 혼란을 일으키고 있으며, 건전한 신앙생활에 큰 장애요인이 되고 있기 때문에 교계의 모든 교회와 선교, 사회사업 단체들은 이에 현혹됨이 없으시기 바랍니다. "기독교 남침례회"는 "미국 남침례회"나 "기독교한국침례회"와 전혀 상관없는 김기동 씨의 개인의 집단임을 밝혀 드립니다.

이어서 기침측은 김기동 씨의 비성서적 교리에 대하여 다음과 같이 공표하였다.

김기동 씨는 자신의 체험과 주장을 지나치게 강조한 나머지 성서의 권위를 약화시키거나 소홀히 하는 경향이 있으며, 자신의 신학적 입장을 정당화하기 위해 자의적 해석을 가하고 있다. 첫째는 성서적 근거보다는 자신의 축사 경험과 귀신들의 실토하는 말들을 종합하여 "마귀론" 신학을 주장하였다. 둘째는 예수님이 오신 목적을 오로지 마귀 박멸이라는 소극적 측면에만 국한시킴으로써 보다 중요한 구원, 교회, 하나님 나라라는 적극적 측면을 소홀히 하였다. 셋째는 창세기 3:8의 경우 하나님 낯을 피하여 숨었다는 말씀을 문화로 인식하여 추위를 피해 움막을 지으려고 나무 사이로 들어간 것이라고 해석하는 등의 자의적 해석이 많다는 점 등이다. 더 나아가 "성경이라는 좁은 테두리를 벗어나야 한다"고 가르침으로써 오직 성경만이 그리스도인 신앙과 실천의 최고 권위임을 믿는 모든 개신교의 입장과 성경의 완전성에 대하여 이의를 제기하고 있다. 이는 개인의 체험을 성경의 권위 위에 두려는 위험한 착상이며, 성령의 초월성을 마치 기록된 계시의 말씀에 대한 초월성인 것처럼 생각하는 무지의 소치로 인해 자신의 체험을 정당화하려는 위험한 시도라 아니할 수 없다.

그는 이렇게 주장한다.

"성경도 하나님의 성령을 힘입은 이들이 느낀 글들을 모은 책입니다. 그러므로 우리는 성경을 보고 과거에 이런 일들이 있었구나 하고 깨닫게 됩니다. 또 어떤 사람들은 성경대로 살리라 하고 성경의 테두리를 벗어나지 못하고 성경의 좁은 그릇 안에서만 머물고 있기에 이보다 더 큰 많은 능력들을 경험하지 못하고 지나갑니다."(영원한 관계 p.68)

"성령의 역사는 성경보다 풍부하고 풍성합니다. 그 말씀이 성경 어디에 있느냐 하면서 추궁하는 것은 보수적이라기 보다는 지나치게 옹졸한 태도입니다. 성령의 활동은 성경의 테두리를 초월하실 수 있다는 것을 알아야합니다. 다만 성령으로 그 이상을 알게 되고 성령으론 성경을 초월하는 하나님의 역사를 경험하게 됩니다."(영원한 관계 p.68-69)

김기동 씨는 삼위일체 중 한분이신 성령과 피조물인 천사를 혼돈하고 있다. 그는 "마가 다락방에 성령이 임했을 때 눈에 보이던 불이나 바람같은 소리는 성령이 아니라 바로 성령을 수행하는 천사들인 것입니다."(마귀론 p.134)라고 주장하고, "구약의 하나님의 신은 모두 천사를 말합니다."(마귀론p.70)라고 주장하는데 이것은 창조주이신 하나님과 피조물인 천사를 혼돈하면서 성서 전체의 가르침을 정면에서 부인하는 행위이다.

김기동 씨는 "아담은 땅에 충만한 사람중에서 뽑혔으니 굉장한 사람이다"(마귀론84-85)이라고 말했다. 김기동씨는 창세기 제1장의 창조에 대한 기록 이전에 이미 땅 위에 인류가 있었다고 주장하고 있다. 뿐만 아니라 인간 창조의 목적은 타락한 마귀를 멸망시키기 위한 수단이며 이 세상은 하나님이 사단을 형벌하려고 만든 장소라고 주장한다.(하나님의 의도 p.29, 마귀론 p.4)

"죄짓고 오는 인간에게 상까지 주시겠다는 것은, 인간은 마귀를 멸하려 오신 예수 그리스도의 오실 길을 위한 사전의 안내자였기 때문입니다. 인간은 사단을 정죄하기 위한 도구로 사용된 것입니다. 다시 말하면 예수께서 십자가에 죽으실 때까지 인간은 그가 오실 길을 위해 봉사한 것입니다."(마귀론 p.74)

"창세기 1장 27절의 '하나님이 남자와 여자를 창조하시고' 할 때의 이 남자와 여자는 지금 말하는 인격적인 사람이라기 보다는 남자와 여자라는 곧 암컷과 수컷이라는 하나의 자웅을 구분하는 이치로서의 표현입니다. 이들 역시 몸과 혼을 합해 인격이 된 것입니다. 그러기에 육신이 있는 동안 이들에게는 도덕이 있고 윤리가 있었으며 또 문화도 있었습니다. 다만 영적인 요소가 없다는 것뿐입니다. 그러므로 그들은 내세가 없습니다. 오히려 그 당시 죄지은 자들은 내세가 없는 자들이기에 더 행복할는지 모릅니다."(마귀론 p.81)

"결국 아담은 선택된 자요, 나머지 문화적 존재인 네피림은 버림받은 탈락자입니다."(마귀론 p.55)

"이와 같이 땅에 충만한 수의 사람 중에서 아담 하나를 뽑았으니 그 아담이 얼마나 개화된 인간이었겠습니까? 하나님은 이렇게 한 사명자를 불러 이 기존적인 인격 위에 항구적 가치를 부여하심으로써 생령이 되게 하셨습니다. 아담은 몇몇 사람 중에서 한 사람으로 뽑힌 것이 아니라 땅에 충만한 수 중에서 뽑혔으니 굉장한 사람입니다. 사람은 남자와 여자로부터 시작했으나 아담은 충만한 수의 사람 중 하나를 뽑아 경건한 자녀를 얻기 위해 분리시킨 것입니다."(마귀론 p.83-85)

김기동 씨는 악령에 대하여는 성경의 범위를 벗어나 자신의 체험을 바탕으로 말하고 있을 뿐 아니라 불신자의 사후존재가 곧 귀신이라는 무속신앙으로까지 전개하고 있다.

"저는 귀신이 불신자의 사후 존재라는 것은 저의 학설이며 이론입니다."(마귀론 p.179) 천사가 지위를 떠났을 때 이를 혁명이라 합니다. 바로 사단이란 말은 혁명가란 뜻입니다.(마귀론 p.37) "귀신이 불신자의 사후 존재라 할 때 불신자의 영이 귀신이 된다는 것이 아니라 그냥 귀신으로 동일하게 취급합니다."(마귀론 상 p.179) "자연 수명이 백살의 을이라는 사람이 암으로 60살에 죽었다고 합시다. 그는 자연수명에서 60살에 죽었기에 아직 40살이 남아있습니다. 이때는 무저갱으로 가는 것이 아니고 음부에서 자연수명이 차기까지 40년 간을 마귀와 그 사자들과 함께 활동하게 되는 것입니다."(마귀론 상 p.187)

불신자의 영이 귀신이 되어 세상을 떠돈다는 주장은 전통적인 정령숭배 사상에서 나온 미신일 뿐, 성경의 가르침은 아니다. 성경은 신자건 불신자건 사람이 죽으면 육체를 떠난 영혼은 즉시 신자는 낙원으로 불신자는 음부로 들어가서 다가올 심판의 날을 기다리게 된다고 가르치고 있다. 이 사실은 나사로와 부자의 이야기 가운데서 분명하게 설명되었으며(눅 16:19-26) 십자가 우편의 강도에게 예수께서, "내가 진실로 진실로 네게 이르노니 오늘 네가 나와 함께 낙원에 있으리라"(눅 23 : 43)고 하신 말씀도 이를 증명하고 있다.

김기동 씨는 천사는 지금까지도 타락되는 과정에 있다는 비성서적 주장을 하고 있다.

"신자에게 도우라고 보낸 천사는 신자가 잘못을 저지르면 가변되어 미혹의 영이 됩니다. 미혹의 영인 천사는 신자가 세상을 떠나면 그는 불신자들을 찾아 미혹의 영으로 괴롭히는데 가변된 천사는 없어지지 않습니다. 신자가 혈기를 자꾸 내기 시작하면 천사를 가변시키는데 예를 들어 혈기 내게 하는 미혹의 영이 둘이 있으면 이를 능가하려면 더 많은 천사를 얻지 않으면 안됩니다"(마귀론 p.141-142),

이와 같은 주장은 성서에서 그 근거를 찾을 수 없는 자의적 해석에 의한 것이며, 자신의 주관적 체험에 바탕을 둔 편협된 착상일 뿐이라고 생각된다. 결론적으로, 이 외에도 김기동 씨의 가르침 안에는 교의적 과오가 수없이 많으나 일일이 찾아서 바른 견해를 제시할 가치조차 없다고 생각된다.

뿐만 아니라 그의 상식 이하의 신앙행위(거울을 보고 자신에게 들린 귀신을 내쫓는다든가, 귀신을 쫓기 위해서는 욕잘하는 은사를 받아야 한다는 등등)는 그의 불건전한 신앙 태도를 너무나 잘 말해주고 있다. 따라서, 본 총회는 이와같은 김기동 집단을 이단으로 규정한바 본 교단 뿐 아니라, 온 한국교회가 성서 위에 굳게 서서 그릇된 가르침에 현혹되지 마시기 바란다.

둘째, 예장통합교단의 공식자료는 다음과 같다.

김기동 씨는 서울 영등포구 신길3동 소재 성락교회의 담임목사이며, 베뢰아 아카데미의 원장이다. 베뢰아 아카데미는 김 씨의 귀신론을 체계적으로 가르치는 곳이며 성락교회는 기독교남침례회에 소속되어 있다. 기독교

남침례회는 김 씨가 기독교한국침례회로부터 탈퇴해서 창설한 교단이며 약 150여 개의 교회가 있는 것으로 알려져 있다. 기독교남침례회는 다시 기독교한국침례회(연맹)으로, 성락교회는 서울성락교회로 개명했다. 이들과 관련된 기관으로는 베뢰아문서선교협회, 기독인월남용사선교회, 베뢰아문서선교회, 도서출판 베뢰아, 재단법인 기독교베뢰아아카데미진흥재단, 서울침례신학교, CBA(캠퍼스 베뢰아 아카데미, 대학생단체), 베뢰아찬양선교단, 침례교신문사, 베뢰아세계부흥사협회, 목인회(서울침례신학교 동문) 등이 있으며, 관련 정기간행물로는 〔기독침례교보〕, 〔베뢰아사람〕, 〔예수내구주〕 등이 있다(기독침례교보 1993. 12. 26. 참조). 서울 영등포 소재 성락침례교회 담임목사요, 베뢰아 아카데미 원장인 김기동 씨의 이단사상을 다음과 같이 보고한다.

김 씨가 말하는 귀신은 네가지 조건으로부터 시작되는데 소위 (1)제명이 차기 전에 죽은 (2)불신자의 (3)사후의 (4)영을 말한다. 그런데 모든 질병은 이 귀신이 우리 몸에 붙어서(우리 영에는 못들어 온다고 함) 생기는 것으로 이 질병은 약이나 의술로는 궁극적으로 고칠 수 없고 축사를 통해서만 고칠 수 있다고 한다. 그러나 이 귀신인 영은 인격이 아니므로 자기 스스로 사람의 몸에 들어오지 못하고 미혹의 영의 도움을 입어야 하는데 미혹의 영이란 다음과 같은 것이라고 한다.

미혹의 영이란 하나님께서 신자들을 수호하도록 파송한 천사인데(김기동, 〔마귀론 상〕, p.137), 이 천사가 가변되는 것, 즉 선한 천사가 악하게 변하는 것을 가르켜 미혹의 영이라고 주장한다(같은책, p.138). 결국 성경에서 말하는 유혹은 미혹의 영이라는 뜻으로(김기동, 〔마귀론 하〕, p.54 이하), 한 번 가변된 천사(미혹의 영)는 절대로 다시 환원될 수 없으며(김기동, 〔마귀론 하〕, p.61), 죽을 때까지 따라 다니며(〔마귀론 상〕, p.142), 인간의 인격을 지배하는데([마귀론 중], p.70), 이 가변된 천사의 수보다 천사의 수가 많아야 우리가 능력 있게 산다고 한다.([마귀론 상], p.141)

천사가 가변되는 경우는 첫째, 천사가 자기 우두머리를 따라 가변되는 경우요, 둘째, 하나님에 의해 가변되는 경우인데(같은책, p.137) 하나님께서 가변시키는 경우는 천사가 하나님께 과잉 충성할 때와(같은책, p.61) 수호천사의 대상인 성도가 불의를 행할 때(같은책, p.137) 가변된다고 한다(예, 신경질을 부릴 때 신경질 부리는 미혹의 영이 된다).

김 씨는 "성부는 하나님의 본질이요, 성자는 하나님의 본체이시고, 성령은 하나님의 본영입니다. 그러니까 본질로서는 아버지요, 본체 곧 형상으로서는 아들이라 하고 영으로는 성령이라는 것입니다"([베뢰아 사람 제7권], 1988년 7월호, p.40)라고 주장하는데 같은 사상과 용어는 책이나 테이프에 반복되는 것으로서(김기동, [성령을 알자], pp.72~74., 기타 테이프), 이는 양태론적으로 삼위일체를 이해하고 있는 것으로서 다음의 글이 이것을 가장 잘 증명해 준다.

"하나님이 곧 성령이십니다. 성령이 예수 안에 있을 때 아버지가 되십니다"(요 14:8). 아버지가 성도 안에 있으면 성령이 되십니다. 삼위의 각각 개체의 인격을 가지고 있는 것이 아니고 아버지와 아들과 성령은 장소에 따라 불리워지는 이름이 다릅니다. 이는 곧 세모꼴을 어디서 보나 하나인 것과 같습니다. 서로 각각 인격을 가지고 있는 것이 아닙니다. 인격은 오직 하나입니다. 각각 개체의 인격으로 말하지 말아야 합니다. 사람 얼굴을 보는 방향에서 다르듯이 말입니다. 하나님과 성령이 따로따로 있는 것이 아니고 성령님이 하나님이십니다. 예수님의 겟세마네 동산의 기도는 자기가 자기 안에 있는 아버지에게 기도한 것입니다."(베뢰아 9기생 강의녹음테이프 9-2).

김 씨는 먼저 고대 이단인 에비온파처럼 신성을 부정한다. 예수님의 생애는 신의 생애가 아니고 사람의 생애인데 오히려 예수님을 신이라고 하면 이단이라고 하며(테이프 19-2), 예수님께서 성령님에게 존칭어를 쓰신 것은 몸을 입고 계실 때 성령님을 같은 수준에서 말씀하실 수 없기 때문이라고 주장한다(〔성령을 알자〕, p.13). 또한 김 씨는 인성을 제한하여 콘스탄티노플회의(AD 381)에서 이단자가 된 아볼로나리우스와 같은 주장을 하였다. 즉 예수님의 육체는 말씀에서 왔고(요 1:14), 그 말씀은 곧 영이기 때문에(요 6:63), 예수님의 육체는 우리의 영과 같은 수준이라고 하며 그래서 예수님이 흘리신 피와 그 살은 영이라고 한다(〔베뢰아 사람 9권〕, 1989년 3월. p.44).

김 씨에게 있어서 구약에 나오는 "하나님의 신, 하나님이 보내신 영들은 천사들을 말하는 것이지 성령이 아닙니다"(〔마귀론 상〕, p.112)라고 하여 창세기 1:2의 '하나님의 신'도 천사이며, 성령이 오시지 않아도 예수를 인정하면 구원을 받을 수 있다고 하며(〔성령을 알자〕, p.97), 오순절 성령이 임하신 사실도 '성령이 임하면 권능을 받고'라는 말은 '천사를 얻고'라는 말과 동격이라고 하여(같은책, p.111), 모든 부분에서 천사일 뿐이지 성령은 허수아비와 같다.

김 씨의 설교도 성서적 가치를 가진다고 한다. 김 씨는 한편으로는 성경을 강조하지만 귀신론 앞에서 성경의 가치는 격하되어 성경은 문틈으로 들어오는 빛에 불과하며 현재 성경으로는 예수 그리스도를 다 알지 못한다고 하였다(김기동, 〔영원한 관계〕, pp.68~69). 또한 오늘의 성경에는 성경과 성서가 있는데 성경은 계시이기 때문에 가감할 수 없지만 성서는 계시인 성경을 증거해 주는 것으로 가감할 수 있다고 하는데, 성경은 모세오경과 공관복음으로 8권이요, 나머지 58권은 성서라고 하였다(베뢰아 9기생 강의녹음테이프 24-1). 그러면서 한 단계 나아가 자기 설교나 간증문도 성경을 증거해 주는 것이니까 성서적 가치를 가진다고 하였다(같은 테이프).

김 씨에 의하면 세개의 하늘이 있는데 지구의 하늘(sky), 궁창의 하늘 (space), 그리고 하나님의 하늘(heaven)로서 지구의 하늘과 궁창을 합하여 우주라고 하고 이 우주 속에다 마귀를 가두어 두었는데 이 우주와 하나님 의 하늘 사이를 물벽을 쌓아(그것이 창세기 1:2의 '수면'이라고 한다) 우주에 갇 힌 마귀가 하나님의 하늘에 들어오지 못하게 하였다는 것이다(마귀론 상, pp.61~62, 테이프 등). 그렇기 때문에 "둘째날 궁창 창조에만 하나님 보시기 에 좋았더란 말이 없다"(〔마귀론 상〕, p.66)고 하여 하나님 창조의 불완전성을 주장했다.

김 씨에 의하면 1장의 인간은 혼과 몸만을 가진 동물의 자웅을 칭하는 용 어요, 2장의 인간은 그중에서 뽑힌 개화된 인간 즉 영을 가진 존재라고 한 다(〔마귀론 상〕, p.79).

김 씨는 마귀를 모르면 예수를 모른다고 하였고(〔마귀론 상〕, pp.14~15), 하나님께서 이 불법자 마귀를 합법자로 만들어 주었다고 함으로(〔마귀론 중〕, p.23), 하나님 자신이 불법을 합법화 시킨 불법자가 되어버린 격이다. 김 씨 는 그의 신론, 기독론, 계시론, 창조론, 인간론 그리고 사탄론 등 모든 곳에 비성경적 요소를 광범위하게 드러내는 무서운 이단이다.

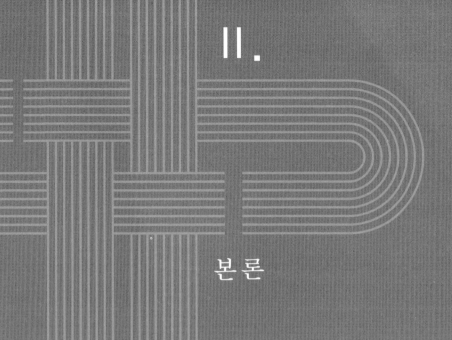

II.

본론

◆ ◆ ◆

　이러한 공식 자료들은 베뢰아의 핵심사상이 들어 있는 2004년에 발간된 베뢰의 신학의 핵심인 〈베뢰아 원강〉이 발간되기 이전에 나온 것들로 베뢰아의 심층적인 이단의 정체를 밝히는데 미흡한 점이 없지 않다. 따라서 베뢰아의 이단사상을 제대로 비판하려면 〈베뢰아 원강〉에서 김기동 씨가 주장하는 〈삼중적 하나님의 의도〉를 비롯한 그의 여러 주장들을 총체적으로 다루어야 한다.

1. 이단이란 무엇인가?

(벧후 2:1) 그러나 백성 가운데 또한 거짓 선지자들이 일어났었나니 이와 같이 너희 중에도 거짓 선생들이 있으리라 그들은 멸망하게 할 이단을 가만히 끌어들여 자기들을 사신 주를 부인하고 임박한 멸망을 스스로 취하는 자들이라

(고전 11:19) 너희 중에 파당이 있어야 너희 중에 옳다 인정함을 받은 자들이 나타나게 되리라

(요일 4:1-6) 사랑하는 자들아 영을 다 믿지 말고 오직 영들이 하나님께 속하였나 분별하라 많은 거짓 선지자가 세상에 나왔음이라 이로써 너희가 하나님의 영을 알지니 곧 예수 그리스도께서 육체로 오신 것을 시인하는 영마다 하나님께 속한 것이요 예수를 시인하지 아니하는 영마다 하나님께 속한 것이 아니니 이것이 곧 적그리스도의 영이니라 오리라 한 말을 너희가 들었거니와 지금 벌써 세상에 있느니라 자녀들아 너희는 하나님께 속하였고 또 그들을 이기었나니 이는 너희 안에 계신 이가 세상에 있는 자보다 크심이라 그들은 세상에 속한 고로 세상에 속한 말을 하매 세상이 그들의 말을 듣느니라 우리는 하나님께 속하였으니 하나님을 아는 자는 우리의 말을 듣고 하나님께 속하지 아니한 자는 우리의 말을 듣지 아니하나니 진리의 영과 미혹의 영을 이로써 아느니라

(딤전 1:3-6) 내가 마게도냐로 갈 때에 너를 권하여 에베소에 머물라 한 것은 어떤 사람들을 명하여 다른 교훈을 가르치지 말며, 신화와 족보에 끝없이 몰두하지 말게 하려 함이라 이런 것은 믿음 안에 있는 하나님의 경륜을 이룸보다 도리어 변론을 내는 것이라 이 교훈의 목적은 청결한 마음과 선한 양심과 거짓이 없는 믿음에서 나오는 사랑이

거늘 사람들이 이에서 벗어나 헛된 말에 빠져 율법의 선생이 되려 하나 자기가 말하는 것이나 자기가 확증하는 것도 깨닫지 못하는도다

이 구절들에서 우리는 이단이란 예수의 가르침을 부인하는 것임을 알 수 있다.

(딛 3:10) 이단에 속한 사람을 한두 번 훈계한 후에 멀리하라

성경은 이러한 이단들을 대처하는 방법을 제시한다. 즉 교회에서 어떤 사람이 성경의 진리에서 벗어났을 때 먼저 그를 훈계하고, 만일 두 번째 훈계와 경고를 듣지 않으면 더 이상 그와 관계를 맺지 말라는 것이다. 이것은 출교를 의미하며, 이단은 본질적으로 진리와 공존할 수 없다는 것을 말해 준다. 물론 그렇다고 해서 교회 안에서 의견이 불일치된다고 해서 모두 이단인 것은 아니다. 얼마든지 다른 의견을 갖을 수 있지만 그 의견이 교회 안에서 분열적이거나 성경적 가르침을 무시하면 그것은 이단으로 분류되는 것이다. 사도들도 때때로 의견이 일치하지 않았으며(행 15:36-41), 베드로 역시 한때 율법주의적인 행동으로 사도 바울에게 책망을 받았지만(갈 2:11-14), 그의 겸손을 통해 사도들 간에 불일치를 극복하였다.

교회는 빌립보서 2:2-3에서 "마음을 같이하여 같은 사랑을 가지고 뜻을 합하며 한마음을 품어 아무 일에든지 다툼이나 허영으로 하지 말고 오직 겸손한 마음으로 각각 자기보다 남을 낫게 여기고"라는 말씀처럼 하나님의 말씀의 권위에 복종하고 사랑과 존경으로 서로를 대할 때 분열과 이단을 방지할 수 있을 것이다.

정동섭 교수는 〈구원파를 왜 이단이라 하는가?〉라는 책에서 이단의 정의

를 이렇게 말한다.

"이단이라는 말은 정통을 전제로 한 말이다. 정통이 있기 때문에 이단이 있는 것이다. 진리가 있기 때문에 거짓이 있는 것이다. 많은 사람들이 이단 (異端)이란 한자어에 근거하여 처음은 비슷한데 끝이 다른 것이 이단이라고 주장한다. 일리가 없는 것은 아니지만, 원래 성경에서 이단(Hairetikos)이라고 했을 때는 '학파, 또는 선택'이라는 의미로 사용되었다. 사두개파, 에세 나파, 바리새파라고 할 때 '파'(派)라는 의미로 중립적으로 사용하다가 '바른 교훈'(sound doctrine)에서 벗어난 '다른 교훈'(false doctrine)을 의미하는 말로 사용하게 되었다."(구원파를 왜 이단이라 하는가, p.99)

"영어로는 이단에 해당하는 단어가 두 가지가 있다. heresy와 cult이다. 베드로후서에서 '멸망케 하는 이단'(destructive heresies)이라 할 때에는 신학적인 정통, 즉 바른 교훈에서 탈선한 다른 교훈을 가리키는 말로 사용되고 있다."(정동섭, 같은 책, p.100)

"이단이란 본질적으로 교리적인 문제로서 성경과 역사적 정통 교회가 믿는 교리를 변질시키고 바꾼 다른 복음이며, 사이비란 이단적 사상에 뿌리를 두고 반사회적 반윤리적 행위를 하는 유사 기독교라고 말한다."(정동섭, 같은 책, p.101)

최삼경 목사는 이단의 정의에 대해서 이렇게 말한다.

"이단이란 무엇인가? 이단이란 한 마디로 교리적으로 잘못될 때 이단인 것이다. 대부분 이단은 윤리적 부패를 수반하지만 비록 윤리적으로 선해도 교리적으로 잘못되면 이단임을 알아야 한다. 예컨대 안식교 같은 이단은 그들의 교리체계 내에서 선하게 살려고 하지만 교리적으로 잘못되었기에 이단이다. 그렇다면 교리적으로 무엇이 잘못되면 이단이 되며 이단을 규정하는 기준은 무엇인가 하는 점이다. 역사적 신앙과 결정적인 교리가 한 가지만 다를 때에도 이단으로 규정된다. 창조론, 구원론, 계시론, 신론 중 단 하나만 잘못되어도 이단이 될 수 있다."(최삼경, 〈한국교회와 이단 무엇이 문제인가?〉, 허호익 교수의 한국신학마당, 2005.4.5, http://theologia.kr/index.php?mid=borad_idan&document_srl=24643&ckattempt=1)

결론적으로 이단이란 성경과 기독교 정통 교리의 가르침을 벗어나 파당(faction)을 이루어 하나님, 예수 그리스도, 성령, 삼위일체, 성경, 교회, 구원, 재림 등에 대한 어느 하나라도 부인하거나 현저하게 왜곡하여 가르치는 개인이나 단체를 의미한다. 이에 반해 사이비란 기독교의 이름을 표방하면서 탈기독교적, 반사회적으로 활동하는 개인이나 단체이다.

▲ 베뢰아 아카데미 1기 수료식(1980년 5월 10일, 성락교회당)

2. 베뢰아 아카데미의 역사

베뢰아 아카데미를 창시한 김기동 목사는 1938년 6월 25일 충남 서산에서 태어나 1964년 봄에 서울로 올라올 때까지 예산에 살면서 1957년 10월에 예산 감리교회(담임 오경린 목사, 후에 감리교 감독회장 역임)에 등록하였다. 1963년부터 1964년까지 기독교대한감리회 비봉교회에서 서리전도사로 근무하던 중 용문산기도원에서 40일 금식기도를 마친 후 1965년 3월 28일, 서대문구 평동 13번지에 예수교장로회 성경장로회(현, 대한예수교장로회 대신측)에 소속된 성락교회를 설립하였다. 이렇게 성락교회는 침례교가 아닌 장로교로 시작했다. 김기동 목사는 그가 속했던 침례교단으로부터 1987년 11월16일 이단으로 규정받고 자신을 지지하던 교회들을 중심으로 미국 남 침례교회와는 관계가 없는 기독교남침례회란 이름으로 새로운 교단을 만들어 활동했다.

김기동 목사는 1964년 대한신학교에 입학한 후 8년 만에 졸업하기 전인 1966년 8월 11일 국제독립선교회 하나님의 성회(오순절 계통, 현 월드선교회)에서 목사안수를 받았으며, 1972년 대한신학교를 졸업하였다. 그는 기독교 한국침례회에 가입하는 과정에서 1969년 8월 11일부터 교리 문제로 가입이 반려되다가 1973년 5월 31일에야 가입을 허가받았다.

베뢰아 아카데미는 1972년 장로회신학대학교(통합측) 신학생 12명을 중심으로 매주 토요일 성경을 가르치기 시작한 모임이 모태가 되었다. 당시 가르치는 내용은 지금의 〈베뢰아 원강〉과 다른 것이었고, 목회자들 중심으로 강의가 진행되었다. 베뢰아 아카데미는 강의 시간을 토요일과 금요일로 확장하였으며, 목회자반과 평신도반으로 구분하였다. 목회자반은 김기동 목사가, 평신도반은 성락교회 장로였던 고(故) 한만영 장로(후에 목사안수)가 인도했다.

3. 베뢰아의 핵심 사상이 담겨 있는 〈베뢰아 원강〉

〔〈베뢰아 원강〉은 김기동 목사의 베뢰아 사상이 총체적으로 담겨 있는 베뢰아 총서라고 할 수 있는 책이다. 〈베뢰아 원강〉 혹은 본강(本講)이라고도 불리워지는 이 책은 2004년 3월 20일 초판을 발행했고, 이듬해 2005년 11월에 재판을 발행했다. 이 책은 1000페이지가 넘는 두꺼운 분량으로 김기동 목사가 베뢰아 1기부터 20기까지 직접 가르친 것을 최종적으로 정리한 것이다. 〈베뢰아 원강〉은 4부로 나뉘어지는데, 1부는 성경을 보는 안경, 2부는 하나님의 의도, 3부는 복음중재로 되어 있다. 참고로 〈베뢰아 원강〉을 "베원"으로 표기한다.〕

김기동 목사는 〈베뢰아 원강〉 머리말에서 이렇게 말하고 있다.

"이 책은 나 시무언이 베뢰아 강의 1기부터 24기까지 강의한 내용을 정리하여 한 곳에 모았고 20기 강의를 중심하여 엮은 것이다. 본서의 저자인 나 시무언은 종교도 없고, 신앙도 없는 가난한 시골 마을에서 태어나 시대적 환경의 척박한 조건을 맛보며 어린 시절을 농촌에서 지냈다. 그러나 처음 맞이한 성경 책을 통해 종교적, 교리적 차원을 뛰어넘어 살아계신 하나님을 알게 되었다."(베원, p.6)

성경은 시대와 공간의 갭(gap), 그리고 앞뒤 문맥을 잘 이해해야 올바른 해석을 할 수 있는 책이다. 따라서 훈련된 지도자의 안내가 필요하며, 무작정 많이 읽는다고 해서 저절로 깨달아지는 책이 아니다. 특히 성경은 다른 책과 달리 대체로 주제별로 혹은 종류별로 배열되어 있기 때문에, 시대적인 배경을 이해하는데 어려움이 있다. 따라서 이것을 시대순으로 재구성하여 읽어야 예언서와 역사서가 이해된다. 예를 들어, 열왕기하에 나타나는 예언자들이 어느 시대에 활동했던 예언자인지 알지 못하면 아무리 읽어도 무슨 말인지 도무지 이해가 되지 않는 것이다.

아무런 원칙도 없이 페이지 수가 많으면 앞에 배열하고, 페이지 수가 작으면 앞에 배열하는 식으로 하다보니 창세기부터 계시록까지 현재 성경 순서대로 읽으면 많이 읽어도 스토리가 연결되지 않는다. 그것도 주제도 구분되어 있지 않은 세로쓰기 성경이라면 더욱 이해하기가 어렵다. 따라서 연대기적으로 재구성하지 않고 읽으면 제대로 이해할 수 없으며, 반드시 안내자의 도움을 받아야 한다.

김기동은 19세였던 1957년 예산 감리교회에 입교하고, 다음날 김형태 전도사가 인도하는 부흥집회에 참석하여 기도하던 중, 강단에 천사들이 왕래하는 것을 보았으며 그가 세상을 떠날 때까지 그러한 환상은 계속된다고 했다. 그가 그러한 체험을 했을 때는 자기 성경이 아닌 남의 성경을 빌려다 읽었을 때였을 것으로 추정된다. 그는 안내자 없이 성경을 읽고나서 종교적, 교리적 차원을 뛰어 넘어 살아계신 하나님을 알게 되었다고 한다. 그리고 부흥 집회에서 예수가 십자가에서 흘리신 보혈의 공로를 처음 듣고 밤낮 3일을 회개의 눈물과 두려움으로 보냈으며, 성령 충만함을 받아 신령한 체험을 하였다고 한다.

그가 성경을 75독 했을 때 하늘에 이상 중에 나타난 밝은 불빛으로부터 "너희가 내 말에 거하면 참 내 제자가 되고"(요 8:31)와 "너희가 내 안에 거하고 내 말이 너희 안에 거하면 무엇이든지 원하는 대로 구하라 그리하면 이루리라"(요 15:7)라는 말씀이 머릿속에서 심령으로 모래시계처럼 흘러들어오는 것을 체험하였다고 한다. 베뢰아를 추종하는 자들은 그것을 김기동의 "광시체험"이라 부르는데, 그 이유는 김기동 목사가 이 체험에서 베뢰아의 핵심인 "하나님의 의도"를 깨달았다고 말하기 때문이다.

그 순간, 성경 66권에 나타난 모든 말씀이 말하고 있는 하나님의 의도가 드러나는 신기한 역사를 맞이 했다.(베원, p.6-7)

대부분의 이단들은 훈련된 지도자의 안내 없이 혼자서 성경을 깊이 연구하다가 다른 사람이 깨닫지 못한 진리를 깨달았다고 주장한다. 그들의 공통된 특징은 정규 신학 과정을 거치지 않은 자들로, 안내자의 도움없이 스스로 깊은 동굴에 들어갔다가 들어갔던 출구를 찾지 못하고 방황하다가 다른 출구로 나와 아무도 깨닫지 못하는 진리를 찾았다고 떠들어대는 자들이다.

4. 김기동 목사의 '광시체험'

5년 동안 75독을 마쳤을 때 충남 예산군 광시면 시목리 입구에서 하늘에 이상 중에 나타난 밝은 불빛으로부터 "너희가 내 말에 거하면 참 내 제자가 되고"(요 8:31)라는 말씀과 "너희가 내 안에 거하고 내 말이 너희 안에 거하면 무엇이든지 원하는 대로 구하라 그리하면 이루리라"(요 15:7)는 말씀이 모래시계처럼 흘러들어오는 것을 체험하였다. 그 순간, 성경 66권에 나타난 모든 말씀이 말하고 있는 하나님의 의도가 드러나는 신기한 역사를 맞이했다.(베원, p.7)

"내가 '광시체험'에서 그 순간 그 시간에 능력을 받았고 그날부터 큰 이적이 나타나기 시작했습니다. 그것이 오늘까지 오는 것입니다. 나는 누구보다도 진리를 잘 아는 사람이요, 누구보다 예수를 잘 아는 사람입니다. 그래서 나는 백 퍼센트 그 말씀에 거하는 자이기 때문에 그의 제자라는 긍지와 자부심이 있습니다."(토요새벽연합집회, 2009.12.12.)

1980년대 전까지만 해도 김기동 목사는 "광시체험"에서 "하나님의 의도"를 깨달았다는 말을 한 적이 없다. 그가 '하나님의 의도'라는 말을 사용하기 시작한 때는 1992년 '베뢰아 사범반'에서부터이며, 1976년부터 1992년까지 베뢰아를 담당했던 필자의 베뢰아 강의 자료를 아무리 살펴봐도 '하나님의 의도'라는 말은 나오지 않는다.

그러나 김기동 목사는 광시체험에서 능력을 받았으며, 그때부터 큰 이적이 나타나기 시작했고, 누구보다도 진리를 가장 잘 아는 사람, 100% 말씀에 거하는 자라는 제자의 긍지와 자부심을 가지고 있다고 주장한다. 2천 년 기독교 역사 가운데 다른 사람들이 깨닫지 못한 '하나님의 의도'를 깨달았다는 것이다. 그러나 김기동 목사 말하는 '하나님의 의도'는 그가 베델성서연구원 성서연구 과정을 마치면서 습득한 용어로 보인다. 그는 이렇게 주장한다.

"그때 나는 '성경을 아무리 다독해도 그 말씀이 조립되지 않으면 여전히 영적인 고아요 방황하는 탕자가 될 수밖에 없구나' 하는 확신과 함께 '하나님의 의도'를 깨달았습니다. 그때로부터 내 몸에는 신유의 능력과 이적이 한량없이 나타났으니, 이는 일시적이 아니요 43년이 지난 오늘에도 여전히 그러한 능력과 이적은 계속되고 있으며... 그럼으로써 세계 각처에서 많은 이적과 능력들이 나타나고 환언(還言) 운동이 태풍처럼 일어나고 있습니다."(베원, p.7)

"베뢰아 원강은 나 시무언이 베뢰아 강의 1기부터 24기까지 강의한 내용을 정리하여 한 곳에 모았고 20기 강의를 중심하여 엮은 것입니다. 21세기는 베뢰아 운동, 곧 환언 운동의 역사적 시대라고 확신합니다. 기독교가 20세기가 넘도록 아직도 성경으로 돌아가지 못하고 성경 밖으로 나가 배회한다는 것은 큰 죄악입니다."(베원, p.7)

과연 그의 주장대로 지난 2천년 동안 기독교는 성경으로 돌아가지 못하고 배회하였는가?

"하나님의 의도는 위에서 한 눈으로, 하나님이 하시는 모든 계획과 전체적인 뜻을 한 폭의 그림으로 보는 것입니다. 이것이 베뢰아 아카데미에서

다루는 핵심입니다."(베원, .471)

"우리가 성경을 읽는 것은 하나님을 알기 위함입니다. 그런데 성경을 읽을 때는 줄을 치지 말아야 합니다. 성경에 줄을 치면 처음 읽을 때 받았던 감동의 수준을 절대로 벗어나지 못합니다. 이는 고정관념 때문이다. 고정관념을 수로관념이라고도 합니다."(베원, p.23)

우리가 성경을 읽고 배우는 이유는 단순히 하나님을 알기 위함이 아니라 하나님을 사랑하고 더 나아가 하나님을 경외하는 법을 배우기 위함입니다. 하나님을 아는 것과 사랑하며 섬기는 것은 전혀 다른 차원이다. 오히려 성경에 메모를 하면서 읽으면 처음 읽을 때 받았던 감동의 수준을 넘어 그 은혜 위에 더 큰 은혜를 체험할 수 있다. 성경은 성령의 감동으로 기록된 책이기 때문에 성경을 바르게 배우고 읽을 때 성령의 감동을 받는다. 성령 충만은 우리의 삶을 통해 마땅한 열매를 맺는다.

5. 베뢰아의 환언운동(換言運動)

"우리는 성경으로 돌아가야 합니다. 교리에서 성경으로, 신학에서 성경으로 돌아가야 합니다."(베원, p.26)

성경으로 돌아가자는데 여기에 반대하거나 부인할 사람은 없으며, 만일 그렇다면 그는 신앙인이 아니다. 김기동이 성경으로 돌아가자는 것은 자신의 주장과 해석을 지지하게 하기 위한 것에 지나지 않는다. 원래 "성경으로 돌아가자"(Back to the Bible)는 말속에는 전통에 근거한 해석으로 돌아간다는 전제가 내포되어 있다. 여기서 말하는 전통이란, 어떤 신학적인 해석의 틀을 의미하는 것으로, 사도들이 세워 놓은 신앙의 원칙과 틀을 통해 성경을 이해하고 해석하는 것이다. 사도들의 믿음을 회복하려는 16세기 종교개혁자들의 정신을 추종하는 성도라면 개혁된 말씀으로 돌아가야 한다. 그것이 성경으로 돌아가는 것이다.

우리가 믿고 따르는 기독교 신앙은 사도들의 믿음과 사고를 이어 받아 계승 발전시킨 개혁주의 신학자들이 닦아 놓은 성경적 원칙과 교리 위에 세워져 있다. 그럼에도 불구하고 이 모든 것을 부인하고 성경으로 돌아가자는 말을 되풀이하는 김기동을 경계해야 한다. 왜냐하면 사도적 신앙의 전통과 내용보다는 자신의 주장과 행동에 초점을 둔 것이기 때문이다.

로마 가톨릭은 오랜 세월동안 일반 성도들이 성경을 읽는 것과 해석하는 것을 금지하였다. 그들은 성경 외에 교회 회의를 통해 확정된 외경과 교황의 교시를 신적인 권위를 여겼다. 성경을 해석하는 권한은 전적으로 교황과 성직자들에게만 주어졌다고 믿었고, 그 결과 로마 가톨릭은 행위와 공로를 통한 구원, 성경적 근거 없는 성례들, 교황 무오설, 면죄부 판매, 연옥 사상, 우상 숭배적 예전의식, 신비주의와 미신을 좇는 종교적 행습이 마치 성경의 가르침인양 정당화하였다. 이때 16세기 종교개혁가들은 가톨릭의 부패한 유물들을 교회 안에서 쓸어내고 성경이 무엇을 어떻게 말씀하시는지 "성경으로 돌아가자"라고 외쳤다. 교회를 교회답게 하는 것은 오직 성경으로부터 나오는 것이다.

6. 베뢰아가 말하는 인본주의란 무엇인가?

"하나님은 자신을 가장 사랑하십니다. 어떤 사람들은 '하나님이 세상을 이처럼 사랑하사 독생자를 주셨으니'(요 3:16)라고 한 말씀처럼 하나님이 세상을 사랑하시되 그 독생자의 목숨을 버릴 만큼 세상을 사랑하셨다 하여, 하나님이 사랑하신 비중을 아들보다 세상에 더 두셨던 것처럼 생각합니다. 이것이 인본주의입니다. 여기서부터 완전히 뒤틀려 가는 것입니다. 인본주의와 신본주의는 다릅니다."(베원, p.473)

"인간을 최고의 가치로 여기다 보니 하나님은 인간을 위한 시녀로 격하되고, 인간에 대한 무한한 애착 때문에 하나님이 희생하시고 오래 참으시는 것으로 착각하게 됩니다. 예수께서 십자가에 죽으신 것은 하나님이 자신의 일을 하신 것입니다. 인간이 범죄했기 때문에 하나님이 아들을 억지로 끌어내려서 십자가에 달리게 하신 것이 아닙니다. 하나님이 자신의 목적을 위해, 승리를 위해 잠시 고난 받으신 것이 인간에게 은혜가 된 것입니다. 하나님의 사랑, 은혜, 긍휼, 은총을 고마워 하는 것은 좋으나 그것이 지나쳐서 성경 전체를 인본주의적으로 보는 것은 잘못입니다."(베원, p.473)

김기동은 하나님은 자신을 가장 사랑하기 때문에, 독생자의 목숨을 버릴 만큼 세상을 사랑하신 것이 아니며, 그것은 하나님의 사랑의 비중을 아들보다 세상에 두는 것은 인본주의라는 것이다. 범죄한 아담 때문에 예수께서 대신 죽으셨다는 것이 과연 인본주의 신앙인가? 김기동 목사는 하나님의 인간에 대한 사랑을 "돼지의 착각"이란 비유를 가지고 하나님의 구원을 이렇게 모독한다.

"이것은 먹고살기 어려울 때 집주인 대학까지 졸업하고 취직해서 월급 타다가 돼지 집 지어주고, 똥 치워 주고, 밥 주고, 씻어 주니까 '이 집안에서 는 내가 왕이다. 왕! 내가 최고의 영광을 받는 왕이다. 주인은 참 불쌍하다. 나 때문에 어렵게 취직해서 돈 번다'라고 생각하는 돼지와 같습니다. 돼지 는 주인이 자신을 위해서 수고하는 것처럼 생각합니다. 이렇게 오늘날 인본 주의는 다 돼지 생각과 같은 이치입니다."(베원, p 474)

김기동 목사는 또 인간에 대한 하나님의 사랑을 "농부의 곡식"에 비유한다.

"성경은 하나님이 자신을 사랑하시는, 하나님의 말씀입니다. 첫째로 하 나님을 사랑하고 그 다음에 인류를 사랑하신 것이지, 인류를 사랑하고 그 다음에 하나님을 사랑하신 것이 아닙니다... 예를 들면, 농사꾼이 곡식을 기 를 때 땀 흘리며 벼 이삭 하나도 떨어지지 않게 하려고 얼마나 노력하며 정 성스럽게 가꿉니까? 그렇다고 곡식이 '농부는 자기보다 나를 더 사랑하고 나의 종노릇 하고 나를 위해 희생하고 자신을 버리는구나. 아, 나는 위대하 다'고 생각할 수 있습니까?... 그러므로 '나를 위해 예수께서 오셨다'하는 것이 인본주의의 핵심이 됩니다."(베원, p.478, 481)

"만일 인류의 구속이 목적이라면 전능하신 하나님은 모든 인간을 구원하 셨을 것입니다. 그러나 창세 이후 지금까지 예수 믿는 사람은 얼마 되지 않 습니다. 인류가 그렇게 많아도 예수 믿는 사람은 지극히 적은데, 하나님이 인간을 구원하시는 것이 목적이라면 그 능력으로 겨우 이 정도 밖에 구원하 지 못하셨겠습니까?"(베원, p.481)

김기동 목사는 하나님이 독생자를 죽일 만큼 인간을 사랑했다고 하면 안된다고 말한다. 또한 하나님은 하나님 자신을 먼저 사랑하고 나서 그 다음에 인류를 사랑한 것이지, 하나님을 제쳐 두고 자기를 사랑하면 인본주의가 된다고 말한다. 하나님이 인간을 사랑하는 것이 아니라 우리가 아들에게 속했기 때문에 우리를 사랑한다는 것이다.

기독교 인본주의라는 용어는 넓은 범위의 관점을 가리키는 말로, 인본주의라고 해서 다 비성서적인 것은 아니고 그중 일부는 다른 것들보다 더 성서적인 것들도 있다. 일반적으로 인본주의는 인간의 가치와 잠재력, 중요성에 중심을 두는 사고의 체계를 말한다. 인본주의는 기본적으로 인간의 본질적 가치를 강조하며 인간을 자율적이고 이성적이며 도덕적인 존재로 보는 사상 체계이다. 이것이 기독교 신앙과 어떻게 통합되느냐에 따라 성서적인지 아닌지를 결정하게 된다.

인본주의의 종류는 매우 다양하다. 르네상스와 결부된 고전적 인본주의는 인간의 자유와 문학과 예술, 그리고 철학을 강조했다. 기독교적 인본주의와는 달리 세속적 인본주의는 하나님의 인간에 대한 소원을 모두 배제시킬 정도로 인간의 잠재력과 능력을 강조한다. 따라서 이것은 이성과 과학적 사고에 기초한 자연주의 철학으로 이어졌다.

기독교 인본주의는 인간의 자유와 개인의 양심, 지적인 자유가 기독교 원리와 조화될 수 있고, 성경 안에 인간의 존귀함과 성취감을 의미하는 말씀들이 있다고 믿는다. 예수 그리스도를 통한 인류 구원을 바탕으로 우주와 만물에 대한 하나님의 주권적 지배를 수용하는 것이다. 기독교 인본주의자들은 성서 언어인 히브리어와 헬라어에 집중하면서 고전적 인본주의와 마찬가지로 인간의 이성과 자유로운 탐구, 그리고 교회와 국가의 분리, 자유의 이상을 추구했다. 또한 기독교 인본주의는 인간이 하나님의 형상대로 창조되었기 때문에 인간에게 존엄과 가치가 있다고 믿으며, 인간이 그리스도와 올바른 관계를 맺을 때 비로소 잠재력을 최대한 발휘할 수 있다고 본다.

그러나 김기동 목사는 하나님은 자신을 가장 사랑하기 때문에 하나님이 세상을 사랑하되 그 독생자의 목숨을 버릴 만큼 사랑했다는 것을 기독교 인본주의라고 한다. 즉 하나님의 사랑의 비중을 아들보다 세상에 두면 인본주의라는 것이다.

7. 김기동 목사의 목회 성공과 성경

"성경이 하나님의 말씀이라는 권위를 두어야 합니다. 그러면 능력이 나타납니다. 목회하면서도 성경을 거의 대하지 않으니 무능해집니다. 그러면 하나님도 더 이상 역사하실 수 없습니다. 우리가 말씀을 대할 때마다 하나님을 대하듯 하면 목회도 대성(大成)할 것이고 신앙도 크게 성장할 것입니다."(베원, p.28-29)

모세는 신명기 31:9-13에서 7년에 한 차례씩 온 이스라엘 백성의 남녀와 유치와 성안에 거하는 타국인을 모으고 그들에게 율법을 낭독해 주라는 유언을 남겼다. 백성들로 하여금 7년마다 율법을 듣고 배워서 하나님을 경외하며, 말씀을 알지 못하는 자녀로 듣고 하나님 여호와 경외하기를 배우게 하라는 것이다. 따라서 우리가 성경을 읽고 배우는 목적은 하나님의 경외하기 위함이며, 능력을 받거나 이적을 일으키기 위함도 아니고, 더구나 목회 성공이나 교회 부흥을 위함이 아니다.

하나님을 경외(敬畏) 한다는 뜻은 "fear God and keep His commandments", 즉 하나님을 두려움 가운데 그의 명령을 따르는 것이다. 그러나 하나님을 두려워하지 않는 자들은 회개하지 않으며, 온갖 거짓말을 지어낸다.

"요한복음 15:7에 '너희가 내 안에 거하고 내 말이 너희 안에 거하면 무엇이든지 원하는 대로 구하라 그리하면 이루리라'라고 했습니다. 또 8:31에 '너희가 내 말에 거하면 참 내 제자가 되고'라고 했습니다. 말씀이 자기와 떨어져 있으면 능력도 없습니다. 손을 얹을 때, 나을까 안 나을까 염려할 필요가 없습니다. 오직 '얹으라' 하셨으니 순종해서 얹으면 됩니다."(베원, p.29-30).

기도 응답을 신유와 능력에 국한하는 김기동 목사의 주장은 성도들로 하여금 기도에 대한 비뚤어진 시각을 갖게 만든다. 요한복음 15:7에서 "거하다"라는 말은 예수의 가르침을 떠나지 않고 계속해서 따르고 순종하는 것을 말한다. 그런 자는 예수의 제자가 될 것이며, 무엇이든지 원하는 것을 구하면 이루게 될 것이라고 하셨다. "무엇이든지 원하는 것을 구하면 이루어지게 될 것이라"라는 말은 예수의 제자가 되면 뭐든지 달라는 대로 다 주시겠다는 만사형통을 의미하는 것이 아니며, 당시 유대인들의 시각에서 해석해야 이해되는 구절이다.

예수께서는 요한복음 14:13-14에서 "너희가 내 이름으로 무엇을 구하든지 내가 시행하리니 이는 아버지로 하여금 아들을 인하여 영광을 얻으시게 하려 함이라 내 이름으로 무엇이든지 내게 구하면 내가 시행하리라."라고 하셨다. 그렇다면 예수님의 이름으로 기도한다는 것은 무엇이며, 예수께서 무엇을 시행하시겠다는 것인가? 본문을 잘못 적용해서 기도 끝에 "예수님 이름으로"라고 말해야 하나님께서 간구를 들어주신다고 생각하는 것은 "예수님 이름으로"라는 말을 종교적인 주문으로 취급하는 것과 같다.

(요일 5:14-15) 그를 향하여 우리가 가진 바 담대함이 이것이니 그의 뜻대로 무엇을 구하면 들으심이라 우리가 무엇이든지 구하는 바를 들으시는 줄을 안즉 우리가 그에게 구한 그것을 얻은 줄을 또한 아느니라

예수님의 이름으로 기도한다는 것은 예수님의 권위로 기도하는 것을 의

미하며, 예수님의 이름으로 나아가기 때문에 우리의 기도에 응답해 달라는 간청이다. 즉 예수님의 이름으로 기도하는 것은 하나님의 뜻에 따라 기도한 다는 뜻이며, 그때 예수께서 그 뜻을 시행하시겠다고 하셨다. 만일 우리의 기도가 하나님의 뜻과 영광을 구하는 것이 아니라면, "예수님 이름으로"라고 말하는 것은 아무런 의미가 없다. 하나님의 뜻을 구하는 기도가 예수님 의 이름으로 기도하는 것의 본질이다.

8. 베뢰아가 주장하는 성경 상고

"성경은 전부 읽어야만 아는 것은 아닙니다. 다른 경전은 처음부터 끝까지 전부 통달하지 않고서는 잘 알 수 없습니다. 그러나 성경은 한 페이지만으로도 능히 구원받을 수 있습니다. 믿음을 가지려면 성경의 기록을 이성으로 연구하거나 따져서는 안 됩니다."(베원, p.37)

하나님의 말씀은 창세기부터 계시록까지 모두 읽어야 깨달을 수 있다. 무조건 많이 읽는다고 해서 알아지는 것이 아니라 성경을 연대기 순서로 재구성하여 언제, 어디서, 누가, 무엇을, 어떻게, 왜, 그리고 누구에게라는 원칙에 따라 읽을 때 비로소 원저자이신 하나님의 뜻에 가장 가깝게 접근할 수 있다. 우리는 구원을 받기 위해 성경을 읽는 것이 아니며, 창조주 하나님의 뜻을 알고 그를 섬기며 사랑하기 위해 읽는다. 결국 성경을 읽는 이유는 하나님의 경외하는 법을 배우기 위함이다. 모세는 신명기에서 이런 유언을 남겼다.

(신 31:9-13) 모세가 이 율법을 써서 여호와의 언약궤를 메는 레위 자손 제사장들과 이스라엘 모든 장로에게 주고 그들에게 명하여 이르기를 매 칠 년 끝 해 곧 정기 면제년의 초막절에 온 이스라엘이 네 하나님 여호와 앞 그 택하신 곳에 모일 때에 이 율법을 낭독하여 온 이스라엘로 듣게 할지니 곧 백성의 남녀와 유치와 네 성안에 우거하는 타국인을 모으고 그들로 듣고 배우고 네 하나님 여호와를 경외하며 이 율법의 모든 말씀을 지켜 행하게 하고 또 너희가 요단을 건너가서 얻을 땅에 거할 동안에 이 말씀을 알지 못하는 그들의 자녀로 듣고 네 하나님 여호와 경외하기를 배우게 할지니라

김기동 목사의 주장처럼 한 부분만 읽어도 하나님의 뜻을 다 알 수 있다면 군이 66권이나 되는 성경이 필요하지 않았을 것이다. 바울은 로마서에서 "나의 복음과 예수 그리스도를 전파함은 영세 전부터 감추어졌다가, 이제는 나타내신 바 되었으며 영원하신 하나님의 명을 따라 선지자들의 글로 말미암아 모든 민족이 믿어 순종하게 하시려고 알게 하신 바 그 신비의 계시를 따라 된 것이니"(롬 16:25)라고 말했다. 따라서 성경 전체를 온전하게 이해하려면, 구약의 사건들과 인물들과 율법과 희생 제도와 언약 및 약속들의 토대를 온전히 이해하고 신약을 읽어야 한다. 만일 우리가 신약성경만 가지고 있다면, 복음서를 대할 때, 왜 유대인들이 메시아를 기다렸는지, 왜 메시아가 와야 했는지 이해할 수 없다.

구약은 신약성경에 언급되는 유대인의 관습을 이해하는 데 중요한 책이다. 구약성경을 소홀히 하면 바리새인들이 어떻게 하나님의 율법을 왜곡시켰는지, 예수께서 성전을 정결하게 하실 때 왜 그렇게 분노하셨는지, 예수께서 대적들에게 답변하실 때 사용하셨던 많은 말씀들을 어디에서 가져오셨는지 이해할 수 없다. 믿음을 가지려면 성경의 기록을 이성으로 연구하거나 따져서는 안 된다는 김기동의 주장은 심히 잘못된 주장이다. 우리가 하나님께서 기뻐하시는 온전한 믿음을 가지려면 맑은 정신과 경건한 마음으로 연구해야 한다. 이것은 인간의 이성과 지성으로 하나님의 말씀을 판단하라는 것이 아니라 '과연 그러한가?'라는 마음의 자세를 가져야 한다는 뜻이다. 사도행전을 기록한 누가는 베뢰아 사람들의 신앙의 자세를 이렇게 기록했다.

(행 17:11-12) 베뢰아 사람은 데살로니가에 있는 사람보다 더 신사적이어서 간절한 마음으로 말씀을 받고 이것이 그러한가 하여 상고하므로 그중에 믿는 사람이 많고 또 헬라의 귀부인과 남자가 적지 아니하나

누가는 데살로니가 사람들이 비신사적이었다고 말한 것이 아니라 베뢰아 사람들이 데살로니가에 있는 사람보다 더 신사적이었다고 했다. 누가가 베뢰아 사람들이 데살로니가 사람들 보다 더 신사적이었다고 말한 것은 베뢰아 사람들이 간절한 마음으로 말씀을 받고 이것이 그러한가 하여 상고했기 때문이다. 베뢰아 사람들은 바울이 전한 말씀을 맹목적으로 받아들이지 않았으며, 바울이 선포한 복음의 내용을 매일같이 상고했다. "상고하다"라는 헬라어 "아나크리노"는 "비평하다," "판단하다"라는 뜻으로, 바울의 설교를 들은 베뢰아 사람들이 바울의 설교를 맹목적으로 받아 들이지 않고 비판적인 시각으로 분석했다는 것을 말해 준다. 우리말 성경에 상고(詳考)라고 번역된 단어는 요한복음 5장에 나오는 "에루나오"와 사도행전 17장에 나오는 "아나크리노"이다.

(요 5:39) 너희가 성경에서 영생을 얻는 줄 생각하고 성경을 상고하거니와(ἐραυνᾶτε) 이 성경이 곧 내게 대하여 증거하는 것이로다

(행 17:12~13) 베뢰아 사람은 데살로니가에 있는 사람보다 더 신사적이어서 간절한 마음으로 말씀을 받고 이것이 그러한가 하여 날마다 성경을 상고하므로 그중에 믿는 사람이 많고

요한복음 5장에 사용된 "에루나오"는 베드로전서 1장과 요한복음 7장에도 사용되었다. 그들은 구약의 선지자들이 장차 오실 주님이 받으실 고난과 얻으실 영광이 어느 때 이뤄지는 알고자 하여 열심히 상고했다. 베뢰아 사람들은 바울의 설교가 구약성경에 근거한 것인지, 아니면 비이성적인 헬라 철학인지 비평하고 분석했다. 그 결과 베뢰아 사람들은 바울의 설교가 구약성경의 예언과 일치하는 것을 깨달았기에 바울의 말을 받아들였고, 예수를 구주로 영접했던 것이다.

요한복음에 나오는 나다나엘도 이런 부류의 사람이었다. 빌립의 친구였던 나다나엘은 빌립의 권유에 "구약성경에서 메시아는 베들레헴에서 태어난다고 했다."면서 나사렛 출신 예수가 메시아라는 것은 성경과 일치하지 않는다고 하였다. 많은 유대인들이 예수의 이적과 놀라운 능력을 보면서 그를 따랐지만 나다나엘은 제아무리 놀라운 이적을 행했다 할지라도 성경과 맞지 않는다고 생각했던 것이다. 예수님은 이런 나다나엘에게 "보라 이 사람은 참 이스라엘 사람이라 그 속에 간사한 것이 없도다."(요 1:47)라고 칭찬하셨다.

바울의 설교가 과연 그러한가를 비판적으로 상고했던 베뢰아 사람들처럼, 성경과 맞지 않으면 제아무리 초자연적인 이적을 행한다 할지라도 따르지 않았던 나다나엘처럼, 기사와 이적을 보고 무턱대고 믿거나 따르는 것은 어리석은 일이다.

9. 베뢰아의 계시론

베뢰아의 잘못된 사상은 성경을 보는 관점, 즉 계시론에서 비롯되었다고 해도 과언이 아니다. 김기동 목사는 어떤 성경관을 가지고 있는지 살펴보자.

"성경은 믿음의 글을 모은 것입니다. 하나님께 받은 믿음을 사용해서 그 믿음으로 성공한 사람들의 이야기입니다. 성경을 달리 성서라고도 말하지만, 하나님으로부터 계시된 가감되지 않은 말씀을 성경이라고 합니다. 제자들을 통해서 간접으로 하나님에 대해 소개받은 거룩한 글들을 성서라고 합니다. 성경은 모본이고 성서는 참고할 만한 것으로 성경에 버금가는 것입니다. 공관복음을 많이 읽으면 믿음이 생기고 요한복음을 많이 읽으면 깊은 영적 차원에 이르게 됩니다. 성경은 성령에 감동된 '사람들'이 쓴 것이지, 하나님이 직접 쓰신 것이 아닙니다."(베원,p.48-54)

대한성서공회는 성경에 대해 이렇게 정의를 내린다.
(대한성서공회, 〈성경과 성서는 어떻게 다른가요? 아니면 같은 뜻인가요?〉, 2107.4.7., https://www.bskorea.or.kr/bbs/board.php?bo_table=society1&wr_id=10)

"우리나라에서는 기독교의 경전을 "성경(聖經)"이라고 부를 것인지, "성서(聖書)"라고 부를 것인지, 가끔 논란이 됩니다. 거룩할 "성(聖)" 자에 경서(經書) "경(經)" 자를 쓰면 우리의 경전을 높여 부르는 이름인 것 같고, 거룩할 "성(聖)" 자에 책 "서(書)" 자를 쓰면 그 경전을 조금은 폄(貶)하는 것 같은 인상을 받아서 굳이 성서라고 하지 말고 성경이라고 하자는 주장이 있습니다. 그러나 우리의 신약전서와 구약전서를 거룩한 경전이라고 하든 거룩한 책이라고 하든 그것이 그렇게 예리하게 의미 구분이 되는 것이 아닙니다. 기독교의 경전을 다만 중국 전통에서는 성경이라고 불러오고 있고, 일본 전통에서는 성서라고 부르고 있습니다. 우리는 이 두 전통을 융합하고 있는 현상을 보이고 있습니다. 그래서 성경이란 말도 쓰고 성서라는 말도 쓰고, 「성경전서」라고 하여 경과 서를 절묘하게 융합하고 있습니다. 본래는 성경이든 성서이든 그것은 일반 종교의 경전을 두루 일컫는 보통명사입니다. 기독교가 우리나라에서 우세한 종교가 되면서 그 용어를 기독교가 사유(私有)하게 된 것입니다. 일본 사람들이 성경이라고 하지 않고 성서라고 하는 것은 일본에서 불경을 성경이라고 했기 때문에 그것과 구별하려고 한 것 같다는 말을 전 일본성서협회 총무 사토 목사에게 들은 일이 있습니다. 우리나라의 사정도 이것과 다르지 않습니다. 우리나라 불교 용어에 "성경대(聖經臺)"라는 것이 있는데, 이것은 불경을 놓고 읽는 독서대(讀書臺)입니다. 이제 "성경"은 "성경전서"를 줄여서 부르는 이름입니다. 처음 두 자를 취한 것입니다. "성서"는, 본래는 그런 것이 아닙니다만, "성경전서"의 첫 자와 마지막 자를 취한 것이라고 생각할 수 있습니다. 둘 다가 다 경전을 일컫는 이름입니다. 경이나 서에 가치판단의 구분은 없습니다. 예언서들은 으레 예언서/선지서라고 부르지 절대로 예언경/선지경이라고 하지 않습니다. 로마서, 고린도전후서, 야고보서 라고 하지 로마경 고린도전후경 야고보경이라고 하지 않는 것도 고려해볼 필요가 있습니다. 중요한 것은, 기독교의 경전의 이름은, "성경"도 "성서"도 아니라는 사실입니다. 기독교의 경전의 고유한 이름은 "언약서/계약서"입니다. 더 구체적으로는 "구약"과 "신약"입니다. 이것은 다른 종교들과 공유하는 이름이 아닙니다. 이 이름은 기독교의 경전의 성격뿐만 아니라 기독교 신앙의 일면을 밝혀주기도 합니다. 계약서로서의 경전입니다. 무슨 고전으로서의 경전이 아닙니다."

예수께서 말씀하신 "성경"은 헬라어 "그라페"를 번역한 것으로 "a writing, a scripture"를 뜻한다. 예수께서는 유대인들이 상고하고 있던 모세 율법을 비롯한 시가서와 역사서가 자신을 증언하는 것이라고 말씀하셨다. 예수님은 성경과 성서를 구분하지 않으셨다. 그러나 김기동 목사는 이렇게 주장한다.

"하나님이 인간에게 계시하기 위해서 고의적으로 기록한 것을 성경이라 말합니다. 그 외에는 성경이라 하지 않습니다. 예를 들어, 욥기, 열왕기, 역대기, 다니엘서 등과 같은 책은 율법을 시인해 주고 증거해 주는 성서입니다. '오늘날 설교집이나 간증집은 수백 년 후에 성서와 같은 수준에 도달할 수 있습니다.'라고 하면 욕먹으니까 못합니다. 사도행전이나 또는 기타 편지들은 증인들에 의해서 예수님의 생애를 지지하고 시인하는 내용이 들어있는 성서입니다. 계시와 증거를 혼동하면 안 됩니다. 성경이란 율법과 예수님의 생애처럼 영원히 가감할 수 없는 것을 말하고, 성서란 얼마든지 가감할 수 있습니다. 다시 말해서 성경은 가감할 수 없는 절대적인 부분을 말하며, 성서는 얼마든지 가감할 수 있습니다."(베뢰아아카데미 9기 강의 테이프, No.24-1)

김기동 목사의 이러한 성경과 성서 구분은 아무런 근거 없는 주장으로 성경의 참된 의미를 훼손하는 것이다. 율법은 성경이기 때문에 가감할 수 없지만 욥기, 열왕기, 역대기, 다니엘서 등은 성경이 아니라 성서이기 때문에 언제든지 가감할 수 있다는 김기동 목사의 주장에서 베뢰아 사상이 왜 이단인지를 엿볼 수 있다.

김기동 목사의 이러한 성경과 성서에 이단적 주장은 초대 교회에 이단으로 정죄되었던 말시온(Marcion)의 주장과 유사하다. 말시온은 구약성경은 유대인의 역사서요, 율법일 뿐이라고 하면서, 바울 서신 10개와 누가복음의 편집본만 정경(正經)으로 인정하고 나머지 성경을 인정하지 않았다.

김기동 목사는 자신의 설교집이나 간증집도 수백 년 후에는 성서와 같은 수준에 도달할 수 있다고 말한다. 또한 사도행전을 비롯한 사도들의 편지들은 예수님의 생애를 지지하고 시인하는 내용이기 때문에 언제든지 가감할 수 있다고 말한다. 계시와 증거를 혼동하면 안 된다는 것이다.

(딤후 3:15-16) 네가 어려서부터 성경을 알았나니 성경은 능히 너로 하여금 그리스도 예수 안에 있는 믿음으로 말미암아 구원에 이르는 지혜가 있게 하느니라 모든 성경은 하나님의 감동으로 된 것으로 교훈과 책망과 바르게 함과 의로 교육하기에 유익하니

디모데후서 3:15-16에 "성경"으로 번역된 헬라어 "그라머"는 '기록된 문서'(a written document), '편지'(a letter or an epistle, '글'(writings)을 의미한다. 바울은 디모데가 어릴 적부터 외할머니와 어머니에게 배우고 읽었던 구약성경을 성서라고 말하면서, 성경과 성서를 다르게 구분하지 않았다. 다양한 영어 번역 성경들이 이 사실을 다음과 같이 증명해 주고 있다.

[NKJV] and that from childhood you have known the Holy Scriptures, which are able to make you wise for salvation through faith which is in Christ Jesus. All Scripture is given by inspiration of God, and is profitable for doctrine, for reproof, for correction, for instruction in righteousness,

[ESV] and how from childhood you have been acquainted with the sacred writings, which are able to make you wise for salvation through faith in Christ Jesus. All Scripture is breathed out by God and profitable for teaching, for reproof, for correction, and for training in righteousness,

[NASB] and that from childhood you have known the sacred writings which are able to give you the wisdom that leads to salvation through faith which is in Christ Jesus. All Scripture is inspired by God and profitable for teaching, for reproof, for correction, for training in righteousness;

[NET] and how from infancy you have known the holy writings, which are able to give you wisdom for salvation through faith in Christ Jesus. Every scripture is inspired by God and useful for teaching, for reproof, for correction, and for training in righteousness,

이와 같이 성경을 가감할 수 없는 성경과 언제든지 가감할 수 있는 성서로 나눌 수 있다는 김기동 목사의 주장은 그가 한국교회로부터 이단으로 규정된 결정적인 이유가 되었다. 또 그는 구약의 예언서에 대해서 이렇게 주장한다.

"성경의 예언서 같은 것을 너무 중요하게 보면 안 됩니다. 사람들은 다니엘서나 요한계시록에 대해 말하면 상당히 신령하게 봅니다."(베원, p.63)

기독교는 구약성경의 예언서를 대예언서 5권과 12권의 소예언서로 나눈다. 대선지서와 소선지서로 나눈 분류 기준은 책의 분량이며, 시대적으로는 왕정시대 12권과 포로 시대 5권으로 분류한다. 대예언서는 이사야, 예레미야, 예레미야 애가, 에스겔, 다니엘이며, 소예언서는 호세아, 요엘, 아모스, 오바댜, 요나, 미가, 나훔, 하박국, 스바냐, 학개, 스가랴, 말라기이다. 예언서는 전기(前期) 예언서와 후기(後期) 예언서로 나누는데, 전기 예언서는 여호수아, 사사기, 사무엘서, 열왕기서이며, 후기 예언서는 이사야, 예레미야, 에스겔 외 "12예언서"이다. "12예언서"는 호세아, 요엘, 아모스, 오바댜,

요나, 미가, 나훔, 하박국, 스바냐, 학개, 스가랴, 말라기이다.

이러한 구약의 예언서가 중요한 이유는 하나님이 자기 백성을 어떻게 다루시며, 어떤 일을 하시는지 알 수 있기 때문이다. 또한 구약의 예언서를 통해 하나님께서 자기 백성들이 어떤 삶을 기대하시며, 하나님의 심판과 구원 행위가 어떻게 나타나는지 배울 수 있다. 그러나 김기동 목사는 이러한 예언서를 너무 중요하게 보면 안 된다고 말한다.

"율법은 죄를 생각나게 하며, 구원하는 법이 아니라 정죄하는 법입니다. 율법은 죽음을 가져왔습니다. 복음의 용무는 하나님의 의를 드러내는 것입니다. 율법은 훌륭한 말씀이지만 죄인에게는 복된 말씀이 아닙니다. 율법은 의인이 들어야 할 좋은 말씀이기 때문에 죄인인 인류에게는 그림의 떡일 뿐입니다. 십계명의 첫째부터 넷째까지는 하나님께 대한 계명이고, 다섯째부터 열째까지는 대인관계에 대한 계명입니다. 첫째부터 넷째까지 계명을 범한 것을 죄라고 하며, 다섯째부터 열째까지 계명을 범하는 것을 악이라고 합니다."(베원, p.83-98)

율법은 레위기를 두고 하시는 말씀이다. 레위기는 하나님께서 레위와 맺은 언약으로 생명과 평안의 법이다. 레위기대로 살면 생명과 평안(life and peace)을 얻게 되고 하나님을 경외하게 될 것이라고 하셨다.

(레 2:4-5) 만군의 여호와가 이르노라 내가 이 명령을 너희에게 내린 것은 레위와 세운 나의 언약이 항상 있게 하려 함인 줄을 너희가 알리라 레위와 세운 나의 언약은 생명과 평강의 언약이라 내가 이것으로 그에게 준 것은 그로 경외하게 하려 함이라 그가 나를 경외하고 내 이름을 두려워하였으며

김기동 목사는 율법은 의롭게 하는 법이 아니라 정죄하는 법, 죄를 생각나게 하고, 죽음을 가져온 법이라고 말했다. 또한 율법은 '훌륭한 말씀'이지만 죄인에게는 복된 말씀이 아니며, 의인이 들어야 할 '좋은 말씀'이기 때문에 죄인인 인류에게는 그림의 떡일 뿐이라고 한다. 이것은 하나님께서 이스라엘 백성에게 율법을 주신 의도를 모르고 하는 말이다. 그는 율법을 하나님의 말씀으로 여기지 않고 단지 '훌륭한 말씀' 또는 '좋은 말씀'으로 취급한다.

십계명의 첫째부터 넷째까지는 하나님께 대한 계명이고, 다섯째부터 열째까지는 대인관계에 대한 계명이라는 것도 역시 십계명에 대한 오해이며, 죄란 첫째부터 넷째까지 계명을 범한 것이며, 악이란 다섯째부터 열째까지 계명을 범하는 것이라는 것도 역시 성경에 대한 무지의 결과다. 넷째 계명인 "안식일을 기억하여 거룩히 지키라"라는 말씀은 하나님께 대한 계명이 아니라 일하는 노예들과 쉬지 못하고 일하는 가축들에게 숨을 돌리게 하시려는 사랑의 법이다. 사람이 안식일을 지킨다고 해서 하나님께서 덕 보는 것은 없다. 따라서 안식일은 사람(특히 일하는 노예)을 위해 있는 계명이며, 육체 노동을 하는 사람들에게 자비를 베푸는 사랑의 계명이다.

예수께서는 사람이 안식일을 위해 있는 것이 아니라 안식일이 사람을 위해서 있는 것이라고 하셨다. 그런 말씀을 듣고도 넷째 계명이 하나님을 위한 계명이라고 하는 것은 말귀를 알아듣지 못하는 것이다. 안식일에 쉬는 것보다 앞선 것은 먼저 엿새 동안 힘껏 일하는 것이다. 오늘은 쉬고 내일도 노는 자는 안식일의 참된 의미를 알 수 없다. 하나님께서 그날을 거룩하게 하신 것은 하나님의 영광보다는 일하는 노예들, 일하는 육축들, 그리고 일하는 외국인들까지 쉬게 하시려는 사랑의 계명이다.

10. 베뢰아의 율법과 복음

"율법을 지켜도 구원은 없습니다. 죽도록 목숨을 다해 사랑하고 의를 행할지라도 구원받을 수 없습니다. 율법에서 우리가 발을 빼야 하는 것은 율법에는 구원의 의지가 없기 때문입니다. 율법으로 구원받으려 하지 말고 구원을 받은 후에 율법을 지키려고 해야 합니다."(베원, p.98-99)

바울이 로마서 3:19-24에서 율법은 죄를 깨닫게 해 주는 것이라고 했던 이유는 죄 아래 놓여 있는 인간의 모습이 얼마나 추한지에 대해 말하기 위함이었다. 보수주의 율법학자 가말리엘의 제자였던 바울은 하나님께서 율법을 주신 목적은 단지 죄를 깨닫게 해주고 정죄하려는 것이 아니라 "생명과 평안"을 주시기 위함이었음을 잘 알고 있었을 것이다.

(말 2:5) 레위와 세운 나의 언약은 생명과 평강의 언약이라 내가 이것으로 그에게 준 것은 그로 경외하게 하려 함이라

그러나 김기동 목사는 율법을 구원과 결부시켜 해석한다. 즉 율법은 지켜도 구원은 없으며, 죽도록 목숨을 다해 사랑하고 의를 행할지라도 구원받을 수 없다는 것이다. 율법으로는 구원을 받을 수 없기 때문에 율법에서 발을 빼야 하며, 구원을 받은 후에 율법을 지켜야 한다는 것이 그의 주장이다. 구원을 받은 후에 율법을 지켜야 한다는 김기동 목사의 말을 우리는 어떻게 이해해야 하는가? 예수의 은혜로 구원을 받고 나서 다시 율법으로 돌아가야 한다는 것인가? 아니면 모세 율법 중에서 십일조와 같이 돈이 되고 목회

에 쓸모가 있는 것만 골라서 지키라는 것인가? 율법 폐지론자들과 일부 세대주의자들은 신약 이후에는 율법이 폐지되었기 때문에 율법은 무용지물이라 주장한다. 그러나 성경은 이렇게 말씀하신다.

(롬 3:31) 그런즉 우리가 믿음으로 말미암아 율법을 폐하느뇨 그럴 수 없느니라 도리어 율법을 굳게 세우느니라

(요일 2:7-8) 사랑하는 형제들아 내가 새 계명을 너희에게 쓰는 것이 아니라 너희가 처음부터 가진 옛 계명이니 옛 계명은 너희의 들은 바 말씀이라

우리는 율법주의자들과 율법폐기론자들 사이에서 어떤 입장을 취해야 하는가? 모세의 율법은 폐기된 적이 없으며, 예수에 의해 오히려 강조되었다. 목숨을 다해 율법을 사랑하고 의를 행할지라도 구원받을 수 없으니 율법에서 발을 빼야 한다는 주장은 거짓된 가르침이다. 예수는 율법의 저주에서 인간을 구속하셨으며, 율법 자체를 폐지하거나 발을 빼신 것이 아니다. 율법에 구원이 없기 때문에 율법에서 발을 빼야 하고, 구원을 받은 후에는 다시 율법을 지켜야 한다는 것은 율법주의도 아니고 율법폐기론자도 아니다. 더구나 율법을 구원과 결부시켜 해석하는 것은 하나님께서 이스라엘 백성에게 율법을 주신 목적을 알지 못하는 무지에서 비롯된 것이다.

하나님의 인류 구속의 경륜 안에서 율법과 복음은 상호 대칭적이거나, 반목하는 것이 아니며 대체될 성격도 아니다. 율법은 장차 가나안 땅에 들어가 이방인들 앞에서 여호와를 알고 섬기는 백성답게 거룩히 살게 하려는 목적으로 한시적으로 주신 법이다. 유대인이었던 바울은 율법을 구원과 연관시켜 죄를 깨닫게 하고 하나님의 심판 아래 가두어 그리스도 앞으로 이끄는 것으로 설명했을 뿐이다.

신약의 율법이라고 할 수 있는 산상수훈도 이런 맥락에서 봐야 한다. 산상수훈은 구원을 얻게 하기 위함이 아니라 하나님의 자녀들이 세상에서 빛과 소금으로 선한 행실을 보임으로써 하나님께 영광을 돌리게 하려는 것이다. 이것은 마치 구약의 율법을 주신 하나님의 뜻과 동일한 패턴이다. 율법이 그렇듯 산상수훈의 가르침은 거룩한 삶을 위한 계명이다. 율법과 복음을 오해하여 극단적 반응을 보이는 것은 잘못된 생각이다. 율법이 폐기되었기 때문에 주일예배, 교회제도, 십일조 등을 부인하며, 죄에서 구원받았으니 죄를 지어도 된다고 생각하는 것은 어리석은 생각이다. 예수께서 무력화시킨 것은 율법이 아니라 외식적이며 가식적인 율법주의와 잘못된 선민사상이었다.

11. 베뢰아의 "하나님의 아들"에 대한 해석

"율법은 천사의 손을 통해서 종의 영을 받은 것이고, 복음을 받는 자는 아들을 통해서 아들의 영을 받은 것입니다. 율법을 받은 자는 종의 영을 받았기 때문에 하나님을 아버지라고 부를 수 없습니다. 유대인이 수천 년 동안 율법에 순종하였지만 그들의 법으로는 하나님을 아버지라 부를 수 없고 하나님을 주(主)나 여호와로 부를 뿐입니다." (베원, p.111-113)

(출 4:22-23) 너는 바로에게 이르기를 여호와의 말씀에 이스라엘은 내 아들 내 장자라 내가 네게 이르기를 내 아들을 놓아서 나를 섬기게 하라 하여도 네가 놓기를 거절하니 내가 네 아들 네 장자를 죽이리라 하셨다 하라 하시니라

하나님은 이스라엘 백성을 아들이며 장자라고 하셨다. 장자는 아버지의 유산을 다른 형제들보다 두 배 더 받을 수 있는 권한이 주어졌다. "장자로 인정하여 자기의 소유에서 그에게는 두 몫을 줄 것이니 그는 자기의 기력의 시작이라 장자의 권리가 그에게 있음이니라"(신명기 21:17) 장자는 특별한 권한을 갖고 있었지만 복과 권한을 누리지 못한 자들이 많았다. 가인은 장자의 복을 누리지 못하였고, 아브라함은 장자가 아니었지만 복의 근원이 되었다. 이스마엘 대신 이삭이 언약의 자손으로 선택되었고, 에서의 장자권은 야곱에게 넘어갔다. 유다와 며느리 다말 사이에서 태어난 세라는 장자였지만 베레스가 다윗 가문의 조상이 되었다. 르우벤은 장자였지만 유다와 요셉이 복을 받았다. 또한 므낫세 대신 에브라임이 복을 누렸다. 이렇게 성경의 장자는 특별한 복의 대상이었지만 대부분 장자의 복을 누리지 못하였다.

하나님께서 이스라엘 민족을 아들이며 장자라고 하셨던 것은 세계 민족을 위한 제사장적 장자권이었다. 김기동은 이스라엘이 천사의 손을 통해 종의 영을 받았기 때문에 하나님을 아버지라고 부르지 못하며, 수천 년 동안 율법을 순종하였지만 법적으로 하나님을 아버지라 부를 수 없다는 것이다. 그러나 아들을 통해 복음을 받은 우리는 하나님을 아버지라고 부른다고 한다. 예수께서는 유대인들에게 이렇게 말씀하셨다.

(마 23:9) 땅에 있는 자를 아비라 하지 말라 너희 아버지는 하나이시니 곧 하늘에 계신 자시니라

예수께서 유대인들에게 땅에 있는 자를 아비라 하지 말라고 하신 것은 김기동의 말대로 유대인들이 종의 영을 받았기 때문이 아니다. 예수님의 말씀을 이해하기 위해서는 마태복음 23장 앞뒤 문맥을 살펴야 한다. 예수께서는 땅에 있는 자를 아비라 하지 말라고 하시면서 이런 말씀을 하셨다.

(마 23:8–10) 그러나 너희는 랍비라 칭함을 받지 말라 너희 선생은 하나이요 너희는 다 형제니라 땅에 있는 자를 아비라 하지 말라 너희 아버지는 하나이시니 곧 하늘에 계신 자시니라 또한 지도자라 칭함을 받지 말라 너희 지도자는 하나이니 곧 그리스도니라

23:8에 나오는 "그러나"(δὲ)는 앞에서 말한 것과 다른 또는 반대되는 내용을 뒤에 말할 때 쓰는 접속 부사이다. 예수께서는 잔치의 상석과 회당의 상좌와 사람들이 오가는 시장에서 문안 받는 것과 사람에게 랍비라 칭함을 받는 것을 좋아했던 서기관과 바리새인들을 꾸짖으시면서 서기관과 바리새인들을 선생이나 아비라 부르지 말고 하신 것이다. 다시 말해 예수께서는 서기관과 바리새인들과 같은 외식적인 지도자들에게 그들의 우월감을 부추기거나 아버지와 그리스도가 마땅히 받아야 할 칭송과 영광을 퇴색시킬 수

있는 존칭 사용을 금지하신 것이다.

> **(마 10:28)** 몸은 죽여도 영혼은 능히 죽이지 못하는 자들을 두려워하지 말고 오직 몸과
> 영혼을 능히 지옥에 멸하시는 자를 두려워하라

이스라엘은 하나님의 율법을 맡았던 민족으로 하나님을 아버지라 부를 수 있는 자격이 주어졌던 민족이었다. 하나님께서도 이스라엘이 하나님의 아들이며 장자라고 하셨다. 아담의 후손인 인류는 누구나 하나님의 아들이다. 누가복음 3:38이 이것을 증거한다.

> **(눅 3:38)** 그 이상은 에노스요 그 이상은 셋이요 그 이상은 아담이요 그 이상은 하나님
> 이시니라
>
> **[NASB]** the son of Enosh, the son of Seth, the son of Adam, the son of God.

우리말 성경에는 번역되지 않았지만 영어 성경은 확실하게 아담을 "하나님의 아들"(Adam, the son of God)로 번역했다. 여기서 하나님의 아들이란 신성한 존재를 말하는 것이 아니라 하나님의 손으로 직접 만드신 존재를 의미한다. 아담은 하나님의 형상으로 만들어졌기 때문에 아담은 하나님의 아들이다. 이것은 아담이 130세에 자기 모양 곧 자기 형상과 같은 아들을 낳아 이름을 셋이라 한 것과 동일한 것이다. 바울은 사도행전 17:29에서 "우리가 하나님의 자녀이므로, 우리는 하나님을 금이나 은이나 돌에다가 사람의 기술과 고안으로 만들어낸 것들과 같다고 생각해서는 안 됩니다."라고 말했다. 유대인 중의 유대인이었던 바울은 자신의 신분이 하나님의 자녀, 곧 하나님의 아들임을 잘 알고 있었던 것이다.

유대인들은 자신들의 이러한 신분과 자격을 깨닫지 못하고 마땅히 두려워할 자를 두려워하지 않았으며, 종교 지도자들에 의한 유대교로부터의 출교를 두려워하였다. 따라서 유대인은 하나님의 부리는 종인 천사를 통해 율법을 받았기 때문에 하나님을 아버지라고 부르지 못한다는 김기동 목사의 주장은 성서에서 벗어난 잘못된 주장이다.

12. 베뢰아의 "여호와의 사자"에 대한 해석

김기동 목사가 베뢰아의 핵심이라고 주장하는 "하나님의 의도"는 "여호와의 사자"에 대한 그의 잘못된 해석에서 비롯되었다고 해도 과언이 아니다. 그는 여호와와 예수를 철저하게 구분하고, 여호와는 구원하지 못하는 하나님, 예수는 구원하시는 하나님이란 이중적 구조를 만들어냈다. 그는 여호와의 사자에 대해 이렇게 말한다.

"구약 때 여호와의 이름으로 현현하는 자는 천사였습니다. 그는 하나님의 사자입니다. 예수는 아브라함이 나를 보고자 하다가 보았다(요8:56)고 말씀하셨습니다. 아브라함은 여호와를 봤습니다. 여호와를 봤지만 아버지를 본 적이 없었습니다. 구약에 현현한 것은 전부 천사입니다."(베원, 2005년, 354쪽)

구약에는 여호와 하나님이 인간에게 나타난 사건이 많이 나온다. 그래서 사람들은 구약 때 하나님이 직접 현현한 것으로 안다. 그러나 구약시대에는 천사가 여호와의 이름으로 현현한 것이다. 여호와는 성부 하나님이 아니다. 아무도 하나님을 뵙지 못했다. 아버지 품속에서 나오신 아들을 통해 인간은 처음으로 하나님을 봤다. 하나님이 구약에서는 천사를 통해 여호와라는 이름으로 나타내셨고, 신약에서는 아들을 통해 예수라는 이름으로 나타내셨다.(베뢰아 아카데미 19,13) (베원 224)

"여호와는 하나님의 사자가 현현할 때에 천사에게 부여한 이름이고, 예수는 아버지의 이름인데 아들에게 부여한 것입니다. 여호와의 이름이나 예수 이름은 둘 다 하나님의 이름입니다. 그러나 여호와 이름은 천사에게 부여한 이름으로 심판과 형벌은 하지만 은혜는 베풀 수 없습니다. 여호와 하나님은 인류를 구원하는 일을 위해 나타난 것이 아닙니다. 구원은 오직 예수 그리스도로만 가능합니다. 그래서 예수는 자기 백성을 죄에서 구원하실 자라는 뜻입니다."(베원, 2005년, P.541-542)

"둘 다 하나님의 이름인데 구약에서는 여호와의 이름으로, 신약에서는 예수라는 이름으로 나타났습니다(마1:21) 어떤 사람은 여호와가 성부하나님의 이름이라고 말합니다. 그러나 아버지의 이름은 '예수' 하나 밖에 없습니다. 성경에 구약의 여호와를 아버지의 이름이라고 한 적이 없습니다. 구약에서는 하나님의 이름을 여호와라 했고, 신약에서는 아버지의 이름을 예수라 했습니다. 본래 예수 이름은 아버지의 이름이었는데, 그것을 아들에게 주신 것입니다... 여호와 이름은 천사가 받은 이름이고, 예수 이름은 아들이 받은 이름입니다."(베원, 2005년, P.123-124)

"여호와는 하나님의 사자가 현현할 때 천사에게 부여한 이름이고, 예수는 아버지의 이름인데 아들에게 부여한 것입니다."(베원, p, 534)

"하나님이 아들을 위해서 하늘을 창조하시고 하늘에 아들의 보좌를 두셨습니다. 하나님은 하나님의 아들이 보좌에 오르시기까지 하나님의 이름을 하늘에 두시고 천사들이 그 이름을 섬기게 하셨습니다. 이때 그 이름을 맡아 영광을 돌리는 자가 있었는데, 이렇게 최고로 영광받은 천사가 바로 주의 이름으로 온 여호와의 천사였습니다."(베원, 2005년, P.361)

"모세에게 나타난 여호와의 사자는 하나님의 대언자로 왔습니다. 천사가 여호와 이름으로 현현한 것입니다. 아브라함도 여호와 이름으로 현현한 여호와의 사자를 만났습니다. 구약에서는 여호와의 이름으로 여호와의 사자가 현현한 것입니다. 그래서 천사로 말미암은 율법을 받은 자는 하나님의 종이 됩니다. 하나님의 아들이 될 수 없습니다. 그러나 예수 이름으로 현현하신 아들의 영을 받은 자는 하나님을 아버지라고 부릅니다. 여호와의 사자는 하나님의 대사, 즉 하나님의 심부름꾼이고, 하나님을 섬기는 천사이지만 그 중에서 여호와의 대사가 있습니다. 그는 하나님의 이름으로 현현하여 하나님의 말씀을 대언해주고 하나님의 뜻을 대언해주고 하나님의 일을 대신하는 천사입니다."(베윈, 2005년, P.220)

(슥 3:1-3) 대제사장 여호수아는 여호와의 사자 앞에 섰고 사단은 그의 우편에 서서 그를 대적하는 것을 여호와께서 내게 보이시니라 여호와께서 사단에게 이르시되 사단아 여호와가 너를 책망하노라 예루살렘을 택한 여호와가 너를 책망하노라 이는 불에서 꺼낸 그슬린 나무가 아니냐 하실 때에 여호수아가 더러운 옷을 입고 천사 앞에 섰는지라

[NASB] Then he showed me Joshua the high priest standing before the angel of the Lord, and Satan standing at his right hand to accuse him. The Lord said to Satan, "The Lord rebuke you, Satan! Indeed, the Lord who has chosen Jerusalem rebuke you! Is this not a brand plucked from the fire?"

스가랴 3장은 학개 선지자에 이어 등장한 젊은 선지자 스가랴가 본 환상을 기록한 것이다. 스룹바벨 총독과 대제사장 여호수아는 5만 명의 백성을 이끌고 바벨론에서 돌아왔다. 이것이 1차 포로귀환이다. 그들은 무너진 성벽을 중건하고 성전(스룹바벨 성전)을 건축하였다. 그러나 주변 국가들의 방해로 성전 건축은 무려 18년 동안 중단된 상태였다.

그러나 이보다 더욱 심각한 문제는 대제사장 여호수아에게 치명적인 어떤 허물이 있었다는 것이다. 본문에는 그의 치명적인 허물이 무엇인지 전혀 드러나 있지 않지만, 에스라서를 보면 여호수아가 이방 여자를 아내로 삼았다는 것을 알 수 있다. 본을 보여야 할 대제사장이 시퍼렇게 살아 있는 아내를 버리고 이방 여자를 아내로 삼은 것은 백성들의 원성과 비난을 사기에 충분했다. 스가랴서를 제대로 이해하려면 당시의 처한 배경을 알아야 가능하다.

"하나님은 젊은 예언자 스가랴를 통해 사탄을 책망하셨다. 우리말 성경에는 '사탄아 여호와가 너를 책망하노라'라고 번역했지만 히브리어 원문은 '사탄아! 여호와께서 너를 꾸짖노라!'라고 아주 강한 어투로 꾸짖는 것으로 나타난다. 마치 예수께서 귀신을 꾸짖듯이 말이다. 사탄을 호되게 꾸짖으신 하나님께서는 천사들에게 여호수아의 더러운 옷을 벗기고 아름다운 옷을 입히라고 명하셨다. 이때 스가랴에게 천사들이 그의 머리에 정결한 관을 씌웠을 때 '여호와의 사자'는 그 곁에 있었다."(And the angel of the LORD was standing by)

위 본문에서 "여호와의 사자"는 "여호와"와 구별되고 있다. "여호와의 사자"는 대제사장 여호수아를 지지하고 "여호와" 앞에서 변호하고 있다. 스가랴 1:12에서 "여호와의 사자"는 "여호와"께 기도한 것을 보면 "여호와의 사자"는 "여호와"와 엄격하게 구별된다. 이는 마치 겟세마네 동산에서 아버지께 기도하시던 예수님을 보여준다.

(슥 1:12) 여호와의 사자가 응하여 가로되 만군의 여호와여 여호와께서 언제까지 예루살렘과 유다 성읍들을 긍휼히 여기지 아니하시려나이까 이를 노하신지 70년이 되었나이다 하매

[ESV] Then the angel of the LORD said, 'O LORD of hosts, how long will you have no mercy on Jerusalem and the cities of Judah, against which you have been angry these seventy years?

"하늘에는 여러 천사들이 있었지만 하나님의 비밀한 뜻을 가지고 움직이는 천사가 있었습니다. 그는 하나님의 비밀을 가지고 그때그때 지시를 받아 일하던 천사였습니다. 그를 성경은 '하나님의 사자' '여호와의 사자'라고 합니다."(베원, p. 532)

우리의 믿음은 각자가 소속된 교단에 따라 약간의 견해 차이와 교회의 정체성(政體性)를 달리한다. 그러나 성경의 본질적인 교리는 서로 다르지 않기 때문에 같은 하나님을 모시는 형제와 자매들이다. 그러나 베뢰아는 계시론으로부터 시작하여 신론, 기독론, 성령론, 인간론, 구원론, 교회론, 종말론 등 조직신학의 전 영역에 걸쳐 정통교회와는 다르다.

성경은 "여호와의 사자"에 대해서 명시적인 정체성을 언급하지 않는다. 그럼에도 불구하고 성경은 "여호와의 사자"에 대한 많은 중요한 단서를 제공한다. 구약성경에서 "여호와의 사자"를 목격한 자들은 하나님을 보았다는 이유로 죽음을 두려워했다. 이런 경우에 "여호와의 사자"가 육체의 모습으로 나타난 하나님의 현현인 것은 분명하다. 영어 성경은 "여호와의 사자"를 "The Angel of the Lord"라고 번역하여 다른 일반 천사와 다른 존재로 기록하였다. 잘 알다시피 영어에서 대문자는 유일한 존재 앞에 붙이는 정관사이다. 일반 천사는 "an angle of the Lord", 혹은 "angels of the Lord"라고 표현한 것에 비해 "여호와의 사자"는 "The Angel of the Lord"라고 되어 있다.

신약성경 안에 "천사"라는 용어가 수없이 언급되고 있지만 "여호와의 사자"는 예수 그리스도가 탄생한 이후부터 언급되지 않는다. 물론 마태복음 28:2에 "주의 천사"가 하늘에서 내려와 예수의 무덤에서 돌을 굴려냈다고 했지만 원문에는 천사 앞에 정관사 "the"가 없는 "an angel of the Lord"로 되어 있다. 따라서 "여호와의 사자"는 예수 그리스도의 성육신(Incarnation) 이전의 모습이라 할 수 있다. 예수님께서도 유대인들에게 자신이 아브라함 보다 먼저 존재하시는 분이라 말씀하셨다. 따라서 예수 그리스도가 "여호와의 사자"이셨다는 것은 논리적이며 성서적이라 할 수 있다.

> **(요 8:56-58)** 너희 조상 아브라함은 나의 때 볼 것을 즐거워하다가 보고 기뻐하였느니라 유대인들이 가로되 네가 아직 오십도 못되었는데 아브라함을 보았느냐 예수께서 가라사대 진실로 진실로 너희에게 이르노니 아브라함이 나기 전부터 내가 있느니라 하시니

여호와의 사자가 성육신 이전의 예수 그리스도시든지 아니면 하나님의 현현이든지 간에 "여호와의 사자"는 하나님의 육체적인 현현인 것은 분명하다.

"여호와의 이름으로 온 하나님의 사자는 아들이 하늘에 들어가기 전에 이미 하늘에 있었습니다. 이 하나님의 사자인 여호와의 사자가 보좌에 앉아 있는 것이 아닙니다. 보좌는 하나님의 아들이 오르실 때를 위해 예비된 것이고, 이 하늘은 다른 천사들보다 뛰어난 '하나님의 사자'(여호와의 사자)가 통치하고 다스리고 있었습니다. 그러나 하늘에서 여호와 이름으로 하나님의 사자가 수행하던 일은 아들이 올라오면 중단됩니다. 그래서 여호와로서의 활동이 멈추는 것입니다."(베원, p.535)

성경은 여호와의 사자가 삼위일체 되신 하나님의 두 번째 위(位), 즉 예

수 그리스도라는 것을 가르친다. "여호와의 사자"(The Angel of the Lord)가 가장 먼저 기록된 곳은 창세기 16장이다.

(창 16:7-13) 여호와의 사자가 광야의 샘 곁 곧 술 길 샘물 곁에서 그를 만나 가로되 사래의 여종 하갈아 네가 어디서 왔으며 어디로 가느냐 그가 가로되 나는 나의 여주인 사래를 피하여 도망하나이다 여호와의 사자가 그에게 이르되 네 여주인에게로 돌아가서 그 수하에 복종하라 여호와의 사자가 또 그에게 이르되 내가 네 자손으로 크게 번성하여 그 수가 많아 셀 수 없게 하리라 여호와의 사자가 또 그에게 이르되 네가 잉태하였은즉 아들을 낳으리니 그 이름을 이스마엘이라 하라 이는 여호와께서 네 고통을 들으셨음이니라

"여호와의 사자"는 하갈에게 "네 자손이 크게 번성할 것"이라고 말했다. 이는 여호와의 사자가 일반 천사가 아니라 하나님이심을 말해준다. 생명을 줄 수 있는 분은 오직 하나님이시기 때문이다.(신 32:39) 이러한 말씀은 아브라함에게 하신 말씀과 동일하다.(창 15:5)

(창 22:1-17) 그 일 후에 하나님이 아브라함을 시험하시려고 그를 부르시되 아브라함아 하시니 그가 가로되 내가 여기 있나이다 여호와의 사자가 하늘에서부터 그를 불러 가라사대 아브라함아 아브라함아 하시는지라 아브라함이 가로되 내가 여기 있나이다 하매 사자가(여호와의 사자가) 가라사대 그 아이에게 네 손을 대지 말라 아무 일도 그에게 하지 말라 네가 네 아들 네 독자라도 내게 아끼지 아니하였으니 내가 이제야 네가 하나님을 경외하는 줄을 아노라 여호와의 사자가 하늘에서부터 두 번째 아브라함을 불러 가라사대 여호와께서 이르시기를 내가 나를 가리켜 맹세하노니 네가 이같이 행하여 네 아들 네 독자를 아끼지 아니하였은즉 내가 네게 큰 복을 주고 네 씨로 크게 성하여 하늘의 별과 같고 바닷가의 모래와 같게 하리니 네 씨가 그 대적의 문을 얻으리라

위의 두 구절은 "여호와의 사자"가 하나님이시며, 하나님과 같은 존재임을 증거한다. 출애굽기 3:1-6에서 모세는 "여호와의 사자" 앞에서 하갈이 그랬던 것처럼 두려워했다. 이 외에도 여호와의 사자가 하나님 자신이심을 증명하는 구절은 구약성경에 많이 나타난다.

(요 6:46) 이는 아버지를 본 자가 있다는 것이 아니라 오직 하나님에게서 온 자만 아버지를 보았느니라

하나님은 성부와 성자와 성령 하나님으로 존재하시나 성자 예수께서는 성부 하나님을 본 자는 없으며, 하나님에게서 온 자신 외에 아무도 아버지를 본 자가 없다고 말씀하셨다. 예수님의 이 말씀은 창세 이후로 사람은 아무도 아버지를 보지 못했고 "여호와의 사자"만 보았기 때문에, "여호와의 사자"는 성부 하나님이 될 수 없다는 말이다. 사도 바울도 디모데전서 6:15-16에서 하나님은 뵈올 수 없는 분이라고 했다.

(딤전 6:15-16) 기약이 이르면 하나님이 그의 나타나심을 보이시리니 하나님은 복되시고 홀로 한 분이신 능하신 자이며 만왕의 왕이시며 만주의 주시요 오직 그에게만 죽지 아니함이 있고 가까이 가지 못할 빛에 거하시고 아무 사람도 보지 못하였고 또 볼 수 없는 자시니 그에게 존귀와 영원한 능력을 돌릴찌어다

사도 요한은 요한계시록 5:6에서 하늘에 어린 양이 왕좌의 중앙에 서 있고, 찬란한 흰옷을 입은 그의 모습을 보았다. 이 어린 양은 그리스도 예수를 말하는 것이니 장차 구원받은 성도들은 아버지 집에서 어린 양이신 예수님을 보게 될 것이다. 우리가 확실히 아는 사실은 죄인을 위해 죽으신 어린 양 예수와 전능하신 하나님을 영원히 경배한다는 것이다.

성령은 바람, 불, 비둘기, 물의 이미지로 표현될 뿐 결코 사람의 모습을 취하지 않으시며, 그 밖에 어떤 형태를 취하는 경우는 드물다. 즉 성경에 나오는 성령께서는 예수가 침례(세례) 받을 때 비둘기같이, 오순절 마가의 다락방에서 불의 혀같이 보였지만 사람의 형태를 취하신 적은 없다. 따라서 "여호와의 사자"를 성령으로 추정할 수 없다.

따라서 "여호와의 사자"(The Angel of the Lord)는 예수가 육체를 입으시기 전의 보이지 않는 하나님의 형상이라고 보는 것이 타당하다. 더욱이 앞서 언급할 것처럼 "여호와의 사자"는 예수께서 육체를 입으신 후부터 나타나지 않으며, 예수의 부활 후에도 나타나지 않는다. 신약성경에 언급된 "주의 천사"는 명사 앞에 관사(the)가 없고 부정관사(a)가 붙어 있는 "주의 천사"(an angel of the Lord)이기 때문에, 이것은 결코 "여호와의 사자"라고 할 수 없다.

"천사"(angle)는 메신저(messenger)를 의미하며, 메시지를 전하기 위해 보냄을 존재이다. 이런 의미에서 예수는 아버지의 말씀을 세상에 전한 메신저이시다. 그는 자기 말을 전하는 자가 아니었고, 오직 아버지께 들은 것을 전하신다고 하셨다.

(요 15:15) 이제부터는 너희를 종이라 하지 아니하리니 종은 주인의 하는 것을 알지 못함이라 너희를 친구라 하였노니 내가 내 아버지께 들은 것을 다 너희에게 알게 하였음이니라

(요 17:8) 나는 아버지께서 내게 주신 말씀들을 그들에게 주었사오며 그들은 이것을 받고 내가 아버지께로부터 나온 줄을 참으로 아오며 아버지께서 나를 보내신 줄도 믿었사옵나이다

하나님 아버지가 이 땅에 성자 예수를 보내신 것과 마찬가지로 "여호와의 사자"도 보내셨고, 위에 제시한 말씀들을 근거로, 구약 성경에 나오는 "여호와의 사자"는 곧 예수님이셨다는 결론에 이르게 되는 것이다. 그러나 김기동 목사는 "여호와의 사자"에 대해서 이렇게 주장한다.

"구약 때는 하나님의 이름을 여호와라 불렀습니다. 여호와 이름은 천사가 하나님의 메시지를 가지고 현현했을 때의 이름입니다. 천사가 하나님의 이름으로 현현했을 때를 여호와의 사자라고 하고, 하나님의 아들이 아버지 이름으로 현현했을 때를 예수라고 합니다. 여호와의 사자는 천사입니다. 그것은 천사가 여호와 이름으로 현현하는 일을 맡았기 때문입니다. 성경은 본래 하나님을 본 사람이 없다고 했으므로(요 1:18) 아브라함이 하나님을 본 것은 하나님의 사자를 본 것입니다."(베원, p.116-117)

"여호와의 사자"에 대한 대표적인 이론은 4가지가 있다. 첫째로 문자적 표현 그대로 하나님의 권위만 위임받은 천사로 보는 표상이론 (Representation theory), 둘째로 하나님으로 보는 동일이론(Identity theory)이다. 셋째는 선재하신 예수님이 오셨다고 믿는 로고스 이론(Logos theory), 그리고 후대의 편집자들이 신학적 의미를 추가했다는 삽입이론(Interplation theory)이다.

개혁주의는 선재하신 예수님의 현현(顯現)으로 보는 견해가 우세하다. "여호와의 사자"가 하나님과 같은 신분과 권능으로 복음과 구원을 선포하시면서 별도의 위격(位格)을 취하는 경우가 있기 때문이다. 개혁주의가 "여호와의 사자"를 장차 오실 예수님으로 보는 이유는 사사기 13장에서 "여호와의 사자"를 만난 삼손의 아비 마노아가 그의 이름을 물었을 때 "내 이름은 기묘니라"(13:18)라고 대답했고, 이사야 9:6에서 예수 탄생에 대해 그의 이름을 "기묘자"라고 칭했기 때문이다. 물론 이사야 9:6에 나오는 "기묘자"가 메시아에게만 해당되는 고유명사가 아니기 때문에 이것을 선재하신 예수님으로 보는 것을 반대하는 자도 있다.

(요 8:56-58) 너희 조상 아브라함은 나의 때 볼 것을 즐거워하다가 보고 기뻐하였느니라 유대인들이 가로되 네가 아직 50세도 못 되었는데 아브라함을 보았느냐 예수께서 가라사대 진실로 진실로 너희에게 이르노니 아브라함이 나기 전부터 내가 있느니라

창세기 18:1에는 여호와 하나님께서 아브라함의 집에 오시는 이야기가 나온다. 예수께서는 아브라함의 집을 찾아오신 분이 자신이라고 말씀하셨다. 그러나 김기동 목사는 본래 하나님을 본 사람이 없다고 했으므로(요 1:18) 아브라함이 하나님을 보았다는 것은 천사를 본 것이라고 하면서 "여호와의 사자"가 누구인지 이렇게 주장한다.

"하나님은 하늘에 자신의 이름을 두시고 천사들과 천사장들로 하여금 그 이름을 섬기도록 하셨습니다. 그리고 그들 중에 하나님의 아들이 하늘에 들어오실 때까지 하나님의 이름을 맡아 일하는 하나님의 사자를 두셨습니다. 물론 그도 천사입니다. 모든 천사가 하나님의 심부름하는 사자들이지만, 이 여호와의 사자는 특별히 하나님의 아들이 하늘에 들어오시기까지 일을 맡아 행했던 자입니다."(베원, p. 538)

"많은 사람들이 여호와의 사자를 혼동하는 이유는 그를 하나님이라고 생각하기 때문입니다. 하나님이란 말을 분별치 못하고 구약에 나타난 하나님과 신약에 나타난 하나님을 혼동하기 때문입니다. 여호와의 사자란 하나님의 심부름을 하는 자로서, 하나님은 그 사자를 하늘에 두시고 그에게 여호와의 이름으로 다스리게 하셨습니다. 여호와는 하나님의 사자가 현현할 때

천사에게 부여한 이름이고, 예수는 아버지의 이름인데 아들에게 부여한 것입니다. 여호와 이름이나 예수 이름은 둘 다 하나니의 이름입니다. 그러나 여호와 이름은 천사에게 부여한 이름으로 심판과 형벌은 하지만 은혜를 베풀 수는 없습니다."(베뢰아 원강, p.541)

김기동 목사가 "여호와의 사자"에 대해 혼동하는 이유는 그가 양태론적 삼위일체론을 믿는 자이기 때문이다. 2016년 김기동은 예장통합측 이단사면위원회에 자신이 양태론자임을 시인하였다.(예장통합 김기동 목사 사면 이유)

13. 베뢰아의 "여호와와 예수"에 대한 해석

"여호와 이름과 예수 이름에는 엄청난 차이가 있습니다. 여호와를 부르던 자는 마귀를 대적하거나 귀신을 쫓은 적이 없습니다. 여호와의 이름은 거룩함과 의로움과 선함과 사랑은 있으니 은혜는 없습니다. 성부와 성자와 성령은 위계가 없습니다. 그러나 위치를 가지고 있으며, 성부의 위치, 성자의 위치, 성령의 위치가 분명합니다."(베원, P193-198)

여호와 이름과 예수 이름에 엄청난 차이가 있다는 그의 주장은 하나님의 이름에 대한 오해에서 비롯된 것이다. 김기동 목사는 여호와와 예수를 구분하면서 여호와의 이름을 부르던 자들은 마귀를 대적하거나 귀신을 쫓은 일은 없었다고 한다. 여호와와 예수의 이름에는 엄청난 차이가 있기 때문이다. 또 김기동 목사는 여호와의 이름은 사랑은 있지만 은혜는 없는 하나님의 이름이라고 주장한다. 그러나 성경은 다음과 같이 여호와 하나님은 은혜로우시다고 증거한다.

(시 103:8) 여호와는 긍휼히 많으시고 은혜로우시며

(시 145:8) 여호와는 은혜로우시며 긍휼히 많으시며

(느 9:17) 주께서는 용서하시는 하나님이시라 은혜로우시며 긍휼히 여기시며

(시 116:5) 여호와는 은혜로우시며 의로우시며

(시 86:15) 주는 긍휼히 여기시며 은혜를 베푸시며

(출 34:6) 여호와께서는 자비롭고 은혜롭고 노하기를 더디 하고

(욜 2:13) 그는 은혜로우시며 자비로우시며

(욘 4:2) 주께서는 은혜로우시며 자비로우시며

"예수 그리스도는 이 땅에 오실 때 아버지의 이름으로 오셨습니다. 그 이름이 예수입니다. 여호와는 그냥 하나님의 이름이며, 표호입니다. 그래서 여호와의 이름을 부르면 육체는 거룩해지고 구원받아도 영혼이 구원받지는 못합니다. 그렇지 않다면 왜 십자가에서 죽으십니까?"(베원, p.535)

성경은 영원 전부터 그의 자녀들을 사랑하신 하나님의 사랑 이야기이다. 하나님은 죄에 빠진 인류를 구원하기 위해 독생자 예수를 세상에 보내셨다. 장차 인간의 죄를 대신해 죽을 육신을 입고 세상에 오실 예수는 구약성경에서 "여호와의 사자"로 나타나셨고, 인간에 대한 하나님의 변함없는 사랑을 보여 주셨다. 여호와와 예수는 동일한 하나님의 이름이시다. 그러나 김기동 목사는 "예수 그리스도는 이 땅에 오실 때 아버지의 이름으로 오셨습니다. 그 이름이 예수입니다. 여호와는 그냥 하나님의 이름이며, 표호입니다. 그래서 여호와의 이름을 부르면 육체는 거룩해지고 구원받아도 영혼이 구원받지는 못합니다."라고 주장한다.

"하늘에서 여호와 이름으로 하나님의 사자가 수행하던 일은 아들이 올라오면 중단됩니다. 그래서 여호와로서의 활동은 멈추는 것입니다. 아들이 오르시기 전까지는 여호와 이름으로 하나님의 사자가 역사합니다."(베원, p.535)

하나님은 성부와 성자와 성령 삼위일체로 존재 하시며, 각 위(person)가 완전히 하나님이시다. 예수 그리스도는 여호와 하나님이시다. 구약의 여호와와 신약의 예수는 그 성품과 특성에 있어서 완전히 일치한다. 다음은 구약의 여호와 하나님에 대한 기록이다.

(1) 나는 스스로 있는 자니라(출 3:14)

(2) 여호와는 목자시다(시 23:1)

(3) 하나님은 빛이시다(시 27:1)

(4) 여호와는 반석이시다(시 18:2)

(5) 여호와는 만물을 지배하신다(사 9:6)

(6) 여호와는 모든 민족을 심판하신다(욜 3:12)

(7) 여호와는 신랑 되신다(사 62:5)

(8) 여호와의 말씀은 영원하다(사 40:8)

(9) 여호와는 씨를 뿌리는 분이시다(렘 31:27)

(10) 여호와는 처음과 나중 되신다(사 48:12)

신약의 예수님은 구약의 여호와와 동일한 성품과 특성을 가지고 계시다.

(1) 아브라함이 나기 전부터 내가 있느니라(요 8:12)

(2) 나는 선한 목자라(요 10:11)

(3) 나는 세상의 빛이라(요 8:12)

(4) 예수는 반석이시다(마 7:24)

(5) 예수는 만물을 지배하신다(마 28:18)

(6) 예수는 모든 민족을 심판하신다(요 5:12)

(7) 예수는 신랑 되신다(마 25:1)

(8) 예수의 말씀은 영원하다(막 13:31)

(9) 예수는 씨를 뿌리는 분이시다(마 13:3-9)

(10) 예수는 처음과 나중 되신다(계 1:17-18)

사도 바울은 예수 그리스도를 여호와 하나님과 동일한 분으로 보았다.

또한 시편 68:18에서 "여호와 하나님"에 해당되는 단어를 에베소서 4:8에서 예수 그리스도에게 적용하였으며, 또한 이사야 45:22-24에서 '여호와'에게 해당되는 것을 빌립보서 2:9-11에서 예수 그리스도에게 적용했다.

(롬 10:9-10) 네가 만일 네 입으로 예수를 주로 시인하며 또 하나님께서 그를 죽은 자 가운데서 살리신 것을 네 마음에 믿으면 구원을 받으리라 사람이 마음으로 믿어 의에 이르고 입으로 시인하여 구원에 이르느니라

(시 68:18) 주께서 높은 곳으로 오르시며 사로잡은 자를 끌고 선물을 인간에게서, 또는 패역자 중에서 받으시니 여호와 하나님이 저희와 함께 거하려 하심이로다

(엡 4:8) 그러므로 이르기를 그가 위로 올라가실 때에 사로잡힌 자를 사로잡고 사람들에게 선물을 주셨다 하였도다

(사 45:22-24) 땅 끝의 모든 백성아 나를 앙망하라 그리하면 구원을 얻으리라 나는 하나님이라 다른 이가 없음이니라 내가 나를 두고 맹세하기를 나의 입에서 의로운 말이 나갔은즉 돌아오지 아니 하나니 내게 모든 무릎이 꿇겠고 모든 혀가 맹약하리라 하였노라 어떤 자의 내게 대한 말에 의와 힘은 여호와께만 있나니 사람들은 그에게로 나아갈 것이라 무릇 그를 노하는 자는 부끄러움을 당하리라마는

(엡 2:9-11) 이러므로 하나님이 그를 지극히 높여 모든 이름 위에 뛰어난 이름을 주사 하늘에 있는 자들과 땅에 있는 자들과 땅 아래 있는 자들로 모든 무릎을 예수의 이름에 꿇게 하시고 모든 입으로 예수 그리스도를 주라 시인하여 하나님 아버지께 영광을 돌리게 하셨느니라

14. 베뢰아의 삼위일체론

김기동 목사는 하나님의 삼위일체에 대해 다음과 같이 주장한다.

"하나님은 한 분이십니다. 사람들은 하나님이라고 하면 아버지로 생각하는 경우가 많습니다. 그런데 하나님은 아버지를 말하는 것이 아니라 성부, 성자, 성령, 삼위가 일체이신 한 분을 말합니다. 성부 하나님, 성자 하나님, 성령 하나님이라고 이야기하지만 이는 세 분이란 말이 아닙니다. 삼위를 한 분으로 부를 때에 하나님이라 합니다. 그러므로 하나님은 아버지라는 뜻이 아닙니다. 아버지를 말할 때에는 성부, 또는 하나님아버지라고 해야 합니다. 하나님은 한 분이시며 성부 위, 성자 위, 성령 위, 이렇게 삼위가 되십니다. 여호와의 증인은 기독교의 삼위일체론을 완전히 무시합니다. 삼위일체론이라는 말은 신학적인 용어이고 교리적인 용어입니다. 성부와 성자와 성령, 삼위가 일체 되신다는 말입니다. 그러나 우리는 교리로 믿는 것이 아니라 하나님이 삼위일체 되심을 성경에 말씀하고 있기 때문에 믿는 것입니다. 인간의 생각에는 하나님이 세 분인 것같아 보여도 성경에는 하나님이 유일하다고 했습니다. 우리의 믿음은 유일하신 하나님을 전제로 해야 합니다."(베원, 197쪽)

성령은 은사를 베푸시고, 성자는 은혜를 베푸시고, 아버지는 사랑을 베푸신다. 하시는 일이 각각이지만 우리에게는 한 성령으로 나타내신다.(베원, 198)

신이 아니면 하나님이실 수 없으니 신으로서는 성신이라고 하고, 자존자로서 조물주가 아니면 하나님이실 수 없으니 만물의 아버지라는 뜻에서 성부라 하고, 관념이 아니라 형상이 있는 실체라는 뜻에서 성자라 한다. 아들은 아버지의 일을 하기 위해 피조물의 형상으로 이 땅에 오셨다는 뜻이다. 아버지의 뜻을 성취한다는 말은 아버지의 뜻에 복종한다는 뜻이고, 우리도 그 뜻에 복종하면 아들이라고 불리게 된다.(베아15,10) 하나님은 삼위일체시다. 아버지는 본질, 아들은 본체, 성령은 본영이시다. 그러나 신은 한 분이시다. 하나님의 신, 아들의 신, 성령의 신이 서로 다른 존재가 아니다. 아버지도 완전한 인격이시고, 아들과 성령도 완전한 인격이시다. 그러나 셋은 한 분이시다.(베아16,23) 세상에서는 아버지와 아들의 자격과 인격이 각각 있다면 개체이기 때문에 일체가 될 수 없다. 그러나 하나님은 각각이 개체가 아니시고 위가 각각이신 한 분이시다.(베원, p.199)

"하나님은 관념적 존재가 아니라 실존이십니다. 실제로 존재하지 않는다면 하나님이실 수 없습니다. 그러기에 실존하신 하나님을 이야기할 때 본체의 형상이신 예수를 말합니다. 우리는 하나님을 아무도 본 적이 없지만 예수를 통해서 하나님을 보았습니다. 또 아무도 하나님을 체험한 자가 없지만 성령을 통해서 하나님을 체험하고 있습니다. 하나님을 신으로 말할 때에는 성령이라 하고, 하나님의 실존을 말할 때는 하나님의 아들을 말하며, 하나님의 본질을 말할 때는 아버지를 말합니다."(베원, p.207)

"또 '성령이 예수 이름으로 너희 속에 임하신다'(요14:26)고 했습니다. 성부와 성자와 성령의 이름은 예수입니다. 어떤 사람은 성령의 이름은 보혜사이고, 성자의 이름은 예수이고, 성부의 이름은 여호와라고 하는데, 그렇지 않습니다. 그것은 하나님에 대한 모독입니다. 보혜사는 성령의 이름이 아니고 직분을 일컫는 말입니다. 예수만이 하나님의 이름입니다. 이 아버지의 이름을 아들에게 주셨고, 또 아들이 하늘로 간 후에 성령이 그 이름으로 오셨습니다."(베원, p.356-357)

"인자는 아버지 품 속에 나오실 때 예수란 이름을 가지고 나오셨습니다. 그 전에는 예수 이름이 불리지 않고 여호와 이름이 불렸습니다. 인자가 세상에 오시자 비로소 예수 이름이 알려지기 시작한 것입니다. 그리고 예수는 하늘로 가시면서 이 세상에서 예수 이름만 알려지기를 원하셨습니다. 그동안 여호와 이름으로 했던 것은 인자가 오심으로 폐하여 없어진 것입니다."(베원, p.608)

"또 그런가 하면 하나님은 물질이 아니라 영이십니다. 영이 아니시면 하나님이 되실 수 없습니다. 그래서 본영으로서는 성령이 되십니다, 이렇게 본질, 본체, 본영은 위계질서를 말하는 것이 아닙니다. 하나님이 누구시냐? 할 때 그 하나님은 본질을 말하는 것이기에 아버지시며, 그가 나타나셨을 때는 본체이시며, 영으로 오셨을 때에는 본영이십니다. 하나님은 영이신데 그가 유일하신 자존자로 아버지시며, 모든 피조물에게는 본체로 나타나셨습니다. 삼위를 이렇게 이해해야 위계를 뛰어넘어서 하나님을 바로 알 수 있습니다. 하나님이 하늘에 계시면 아버지시고 인자로 나타내시면 아들입니다, 예수는 자기 안에 계시는 이를 아버지라 하셨고, 우리 안에 계신 이에 대해서는 성령이라고 했습니다. 곧 어느 측면에서 봤느냐 하는 것입니다."(김기동, 성령을 알자, p.74)

"그리스도는 하늘로 가시고 성령이 오셨습니다. 우리는 하늘로 가신 그리스도만 생각할 것이 아니라, 영광 받기 위해 왕권으로 오신 주님을 생각해야 합니다. 그가 곧 성령이십니다."(김기동, 성령을 알자, p.95)

"만일 예수가 지금 이 땅에 육신으로 계신다면 우리 안에는 성령이 없습니다. 우리가 예수의 지체가 되었기 때문에 예수 안에만 계신 성령이 우리 안에 계신 것입니다. 우리가 그리스도의 지체가 된 것은 그가 하늘로 가시고 교회가 이 땅에 존재한 다음부터입니다. 주님이 이 땅에 계실 때 예수 안에 계신 성령이 제자들 안에도 계셨던 것이 아닙니다. 과거 선지자들과 침례 요한이 받은 성령충만은 모두 은사적인 것, 사역적인 것입니다. 어떤 사람은 성령이 예수 안에도 계시고 제자들 안에도 계시는 것으로 생각하는데, 그것은 절대 오해입니다. 성령이 예수 안에 계실 때에는 어느 장소에도, 어느 사람 속에도 계시지 않았습니다. 그가 하늘로 가신 다음에 비로소 예수 그리스도의 지체가 된 교회 안에 성령이 오셔서 각 사람에게 역사하는 것입니다."(김기동, 성령을 알자, p.96)

"하나님이 오래 전에 하늘에서 뜻하신 것을 그리스도가 이 땅에 오셔서 생애로 사셨고, 그가 하늘로 가신 후에 성령으로 오셨기에 시간적인 차이는 있습니다. 왜냐하면 성령이 오시기까지는 예수 그리스도의 생애가 먼저 있었고, 또 예수 그리스도의 생애가 있기 전에 하나님의 뜻이 있었기 때문입니다. 그러나 우리에게 이루어진 구원은 삼위 하나님의 이름으로 동시에 이루어졌습니다. 침례를 받음으로 이 사실을 인정하게 되는 것입니다. 이처럼 아버지와 아들과 성령의 사역에 시간적인 차이는 있습니다, 곧 그리스도께서 영광 받으시기 전에는 성령이 오시지 않았고 또 아버지의 뜻이 없었다면 아들이 이 땅에 오시지 않았을 것입니다. 이렇게 아버지의 뜻과 성령의 사역 중간에는 삼위 하나님의 이름이 동시에 역사합니다."(김기동, 성령을 알자, p.46-47)

"여호와는 하나님의 사자가 현현할 때에 천사에게 부여한 이름이고, 예수는 아버지의 이름인데 아들에게 부여한 것입니다. 여호와의 이름이나 예수 이름은 둘 다 하나님의 이름입니다. 그러나 여호와 이름은 천사에게 부여한 이름으로 심판과 형벌은 하지만 은혜는 베풀 수 없습니다. 여호와 하나님은 인류를 구원하는 일을 위해 나타난 것이 아닙니다. 구원은 오직 예수 그리스도로만 가능합니다. 그래서 예수는 자기 백성을 죄에서 구원하실 자라는 뜻입니다."(베원, 2005년, p.541-542)

"둘 다 하나님의 이름인데 구약에서는 여호와의 이름으로, 신약에서는 예수라는 이름으로 나타났습니다(마1:21). …… 어떤 사람은 여호와가 성부 하나님의 이름이라고 말합니다. 그러나 아버지의 이름은 '예수' 하나 밖에 없습니다. 성경에 구약의 여호와를 아버지의 이름이라고 한 적이 없습니다. 구약에서는 하나님의 이름을 여호와라 했고, 신약에서는 아버지의 이름을 예수라 했습니다. 본래 예수 이름은 아버지의 이름이었는데, 그것을 아들에게 주신 것입니다. …… 여호와 이름은 천사가 받은 이름이고, 예수 이름은 아들이 받은 이름입니다."(베원, 2005년, p.123-124)

"베뢰아에 와서는…… 여기는 장로교도 아니고 침례교도 아니고 베뢰아입니다. 그러니까 깨끗이 일단 생각하지 말고 새로운 종이에다 그려야 합니다. 언제나 아버지와 아들과 성령이라는 객체의 인격을 두고 생각하니까 그렇습니다. 성령이 있고 예수가 따로 있는 것이 아니고 또 예수가 있고 성령이 따로 있는 것이 아니며, 아버지가 있고 성령이 따로 있는 것이 아니다. …… 그러니까 아들의 인격, 성령의 인격, 3위의 인격이 각가 3인격을 가지고 있는 것이 아니고 한 인격을 어디서 보느냐에 따라서 다릅니다. 그러면 인격이 각각이면 어떻게 하나가 됩니까? 지금 큰 문제가 되는 것이 아버지의 인격이 따로 있고 아들의 인격이 따로 있고 성령의 인격이 따로 있다고 생각하는 것입니다. 어쩌면 신학적으로 굉장히 무식하고, 성서적으로 굉장히 무식하고, 언어학적으로 굉장히 무식한 겁니다. …… 아버지와 아들과 성령을 따로 생각하고 인격을 셋으로 만들면 큰일납니다. 아버지의 인격이 따로 있고 성령의 인격이 따로 있는 것이 아니고 여기서 볼 때 성령의 인격, 이쪽에서 아들의 인격, 이쪽에서는 아버지의 인격, 오직 인격은 하나입니다. …… 각각 보는 방향에서 다른 것같이 이쪽에서 볼 때 얼굴, 뒤쪽에서 보면 뒤통수, 옆에서 보면 볼인 것 같이 인격은 하나입니다. 지금 객체가 있는 것이 아니라 인격은 한 인격이십니다. 하나님과 성령이 따로따로 되는 것이 아니고 곧 하나님이십니다. 그런데 그 성령이 예수 안에 있을 때 바로 아버지가 되시고 우리 안에 있을 때 성령이 되십니다. 그러니까 예수님이 겟세마네 동산에서 기도하실 때 자기가 자기 안에 있는 이에게 하시는 겁니다."(베뢰아 강의 9-1. 1983. 6. 25)

김기동 목사의 이러한 주장들은 명백한 양태론이다.

베뢰아 강의를 처음부터 듣지 않으면 김기동 목사의 삼위일체론에 대한 진의를 파악하는 것은 거의 불가능하다. 그 이유는 시간이 지나면서 수정보완하며, 때와 장소에 따라 말을 바꾸기 때문이다. 〈베뢰아 원강〉에서 말하는 김기동 목사의 삼위일체가 이전에 주장했던 것과 많은 차이가 나는 것은 그러한 이유 때문이다.

"그러나 우리는 교리로 믿는 것이 아니라 하나님이 삼위일체 되심을 성경에 말씀하고 있기 때문에 믿는 것입니다. 인간의 생각에는 하나님이 세 분인 것 같아 보여도 성경에는 하나님이 유일하다고 했습니다. 우리의 믿음은 유일하신 하나님을 전제로 해야 합니다."(베원, p.197)

명칭적으로는 삼위를 인정하지만, 실제로는 한 인격만을 인정하고, 삼위의 이름이 예수라고 주장하는 이러한 주장은 이전보다 심화된 양태론이다.

또한 그는 구약의 "하나님의 신(Spirit)"은 성령이 아니라 천사라고 주장한다.

"구약의 하나님의 신, 하나님이 보내신 영들은 천사들을 말하는 것이지 성령이 아닙니다."(마귀론, P.108)

"창세기 1:2에 '하나님의 신이 수면 위를 운행하시니라' 할 때의 그 신은 성령이 아닙니다. 구약에서 아브라함이나 모세에게 나타난 여호와가 천사였던 것처럼 하나님의 신이 수면에 운행하시느니라고 한 말은 하나님이 그의 천사들로 지키게 하신 것을 의미합니다."(마귀론, P.61-65)

창세기 1:2의 "신"(르 아흐, Spirit)은 복수가 아닌 단수 명사이다. 하나님을 뜻하는 엘로힘은 복수명사이다. 그러나 김기동 목사는 "신"을 한문 "神"으로 착각하여 "god"이라는 뜻으로 해석했다. 그러나 본문에서 "신"은 한문으로는 "神"이지만 god이 아니라 Spirit이다. 〈표준 새번역〉과 〈현대인의 성경〉은 "하나님의 영"으로 옳게 번역하였다. "수면을 운행하다"라는 말도 "물로 결박하다"라는 뜻이 아니다. 히브리어 "하프"는 "알을 품다, 날갯짓을 하다, 날다"라는 뜻으로 사용되는 단어이다. 이것을 물로 결박하는 것으로 보는 것은 자의적인 해석이다. 영어 성경은 "하나님의 신"을 "성령"(the Spirit of God)으로 옳게 번역하였다.

[KJV] And the earth was without form, and void; and darkness [was] upon the face of the deep. And the Spirit of God moved upon the face of the waters.

[NIV] Now the earth was formless and empty, darkness was over the surface of the deep, and the Spirit of God was hovering over the waters.

결론적으로 김기동 목사의 삼위일체는 인격적으로는 한 분이시며, 그 삼위의 이름이 예수라는 것이다. 이러한 주장은 이전보다 더욱 이단적인 위험한 주장이다.

"그러므로 '믿을 때에 성령을 받았다'라고 하는 말은 틀린 말입니다. 만약 믿을 때 성령 받았다면 예수께서 십자가에 달리셨을 때 믿은 사람도 성령을 받았어야 할 것 아닙니까? 그러나 분명히 성령은 예수님 부활하신 50일 후에 오셨습니다."(마귀론 상, p. 110)

김기동 목사는 삼위일체 하나님의 사역이 각각 시간적인 차이가 있었으며, 오순절 이전에는 성령이 존재하지 않았다고 한다.

"비록 아버지와 아들과 성령의 사역에 시간적인 차이는 있으나 그리스도가 영광을 받으시기 전에는 성령이 오시지 않았고 또 아버지의 뜻이 없었다면 아들이 이 땅에 오시지 않았을 것입니다. 이렇게 중간에 예수 그리스도의 생애가 있어야 되는 것입니다."(김기동, 성령을 알자, p.46-47)

김기동 목사는 양태론을 시인하는 순간, 〈베뢰아 원강〉에서 주장한 모든 것들이 한 순간 물거품이 되고 만다. 그럼에도 불구하고 그가 예장통합측 이단사면위원들 앞에서 자신은 양태론자라고 시인했다. "양태론"이 무엇인지 모르고 고백했을 것이다.

구약시대에 사사들이나 선지자들에게 "여호와의 신이 그에게 임하였으므로"라는 말씀이 있다. 구약시대에는 하나님의 일을 하는 선택 받은 이스라엘 백성에게 성령과 은사를 부어 주셨지만 요엘 선지자의 예언처럼 신약시대에는 만인에게 부어 주시고 영원히 내주하는 성령으로 오셨다.

(행 2:16-17) 이는 곧 선지자 요엘로 말씀하신 것이니 일렀으되 하나님이 가라사대 말세에 내가 내 영으로 모든 육체에게 부어 주리니 너희의 자녀들은 예언할 것이요 너희의 젊은이들은 환상을 보고 너희의 늙은이들은 꿈을 꾸리라

그러나 김기동 목사는 구약시대에는 천사에 의해 이끌림을 받았기 때문에 성령을 받은 사람이 없었으며, 그들은 양자의 영을 아직 받지 못한고로 하나님을 아버지라 부를 수 없었다고 한다.(김기동, 마귀론 상, p.61) 그러나 성경은 이렇게 말씀하신다.

(겔 2:2) 말씀하실 때에 그 신이 내게 임하사 나를 일으켜 세우시기로 내가 그 말씀하시는 자의 소리를 들으니

[NIV] As he spoke, "the Spirit came into me" and raised me to my feet,

히브리어 원문 "내게 임하사"는 "came into me"(내 안으로 들어오사)이며, 또한 에스겔 3:24, 다니엘 4:8, 4:18, 5:11 등도 모두 동일하게 "안에 거함"을 의미한다. 또한 누가복음 1:41에 엘리사벳이 "성령의 충만함을 입었다"라고 했을 때와, 누가복음 1:67에 "그 부친 사가랴도 성령의 충만함을 입어 예언을 하였다"라고 했을 때 모두 안에 충만함이란 뜻으로 기록되었다. 구약에서 모세에게 임했던 "하나님의 신"(Spirit), 곧 성령께서 150명의 장로들에게 동시에 임한 적이 있다. 그러나 구약의 성령은 필요에 따라 부어주셨고, 신약에서처럼 영원히 내주하시는 성령이 아니었다.

김기동 목사는 창세기 1:2에 나오는 "하나님의 신"을 천사라고 주장했다가, 말을 바꾸어 "하나님의 신"은 천사도 아니고 성령도 아니며 "아담에 부어준 영"이라고 했다. 이러다가 나중에는 하나님의 신이 하나님이 신고 다

니는 신발이라고 할지도 모른다.

"그래서 창세기 6:3에 '여호와께서 가라사대 나의 신이 영원히 사람과 함께 하지 아니하리니 이는 그들이 육체가 됨이라 그러나 그들의 날은 120년이 되리라 하시니라'라고 했습니다. 여기서 하나님의 신은 성령이 아닙니다. 성령은 예수께서 오신 후 임하셨습니다. 그러므로 여기서 '하나님의 신'은 아담에게 부어주신 '아담의 영'을 말하는 것입니다."(베원, p.678)

김기동 목사가 "하나님의 신"을 성령이라고 말할 수가 없는 것은 그가 창세기 1:2에 나오는 하나님의 신은 천사라고 말했기 때문이다. 만약 그가 "하나님의 신"을 성령이라고 하는 순간, 그의 창조론은 심각한 모순에 빠지게 된다. 그래서 그는 하나님의 신을 천사라고 주장하면서, 한편으로는 아담의 영이라고 주장하는 것이다.

15. 베뢰아의 핵심 사상인 "하나님의 의도"란 무엇인가?

베뢰아의 핵심인 '하나님의 의도'란 예수의 죽음과 부활은 첫 사람 아담의 죄와는 별개의 것으로서 이미 작정된 것이며, 인간에 대한 구원은 다만 예수가 죽음과 부활의 길을 걸어가는 과정에서 인간에게 베푼 선물에 불과하다는 것이다. 김기동 목사는 베뢰아의 〈하나님의 의도〉에 대해서 이렇게 주장한다.

"하나님의 아들이 하늘에서 오셨다면 예수는 창조된 분입니다. 예수가 하늘에 들어가기 전에는 천사는 하늘에서 창조되었고 인간은 우주 안에서 창조되었습니다. 예수는 아버지 품속에서 나오셔서 2천년 전에 처음으로 하늘에 들어가셨습니다. 하나님이 예비하신 보좌에 들어가신 것입니다. 예수는 하늘에서 계시다가 이 땅에 오셔서 다시 하늘로 가신 것으로 혼동하기 쉽습니다. 아버지 품 속에 계시던 말씀이 세상에 오셨다가 아버지 품 속으로 가신 것이 아니라 창조된 하늘에 오르셨습니다. 어떤 사람은 예수께서 보좌에 앉아 계시다가 인류를 구속하기 위해 잠시 보좌를 비워 두고 세상에 내려왔다가 다시 올라가신 줄로 생각합니다."(베원, p.204)

인류 구원보다는 사단의 정죄가 먼저다. 사단이 정죄되지 않으면 구원도 있을 수 없다. 아직 인류가 없을 때 마귀 정죄를 위해 하나님의 아들이 나타나실 것이 작정되었다.(베원, p.574)

"하나님의 아들은 그가 보좌에 앉으실 때까지 자기 직분을 잘 지키고 있어야 할 자가 하나님의 이름을 모독한 것을 심판하시고 보좌로 들어가십니다. 처음부터 아들이 보좌에 계셨더라면 천사는 타락하지 않았을 것입니다. 아들은 자신이 오시기 전에 하늘을 더럽힌 천사들을 심판하시고 하늘로 들어가셨습니다. 그러므로 하나님의 아들이 이 세상이 임하심은 마귀의 일을 멸하시기 위해서입니다. 그런데 요한복음 3:16에는 "하나님이 세상을 이처럼 사랑하사 독생자를 주셨으니 이는 저를 믿는 자마다 멸망치 않고 영생을 얻게 하려 하심이니라"고 했습니다. 일반 기독교교리는 성경을 구원사적으로 봅니다. 인류를 구원하는 구원의 역사로 봅니다. 그러나 이것은 성경을 단면만 본 것입니다. 인류 구원의 목적이 목적이라면 단 한 사람도 멸망하는 사람이 없이 다 구원받아야 합니다. 하나님의 아들이 나타나심은 마귀의 일을 멸하려 하심입니다. 이것이 그의 목적입니다."(베원, p.573-574)

"그런데 아들이 하늘을 기업으로 상속받으시기 전에 사단이 반역했습니다. 이에 그 사단을 먼저 심판해야 하나님의 이름을 영화롭게 할 수 있습니다. 사단이 마음대로 짓밟고 모독했던 그 이름을 영화롭게 회복해야 합니다. 그래서 아들이 세상에 오셔서 마귀의 일을 멸하셨습니다. 그리고 마귀의 일을 멸하시는데 동원된 인간을 구원하셨습니다. 다시 말하면 마귀를 멸하신 후 인류를 구원하시는 것입니다. 하나님의 아들은 마귀의 일을 멸하시는 것만으로도 하나님의 뜻을 다 이루신 것입니다. 마귀의 일을 완전히 멸하여 하나님의 이름을 영화롭게 하셨으므로 인간을 구원하지 않으셔도 하나님께서는 아무 아쉬움이 없습니다. 그러므로 인간 구원을 선물로 부여하신 것입니다."(베원, p.576-577)

김기동 목사의 〈하나님의 의도〉를 순서대로 요약하면 다음과 같다.

① 창세 전에 성부 하나님은 자신의 품속에 있는 아들을 위해 하늘을 창

조했는데, 아들은 하나님과 동등한 위치에 있었지만 자신을 낮추어 아버지가 예비한 하늘에 들어가기 전에 죽음과 부활을 경험하고 들어가기로 작정했다.

② 이때 아들이 들어오기까지 한 천사가 여호와의 이름을 가지고 하나님처럼 행세를 했는데 천사장 루시엘이 그 이름에 도전했다. 그러나 천사는 자유의지를 가진 존재로 수동성과 배타성이 있었기 때문에 즉시 심판하지 못하고 합법적으로 심판하기 위해 우주를 짓고 그 안에 가두어 두었다.

③ 따라서 우주는 범죄한 천사 마귀를 장차 박멸하기 위해 가둬 두는 곳이고, 그 우주 안에 마귀를 합법적으로 심판하기 위해서 아담을 창조하였다. 아담은 먹지 말라는 선악과를 먹고 죽게 되었으며, 예수가 오는 길을 준비하였고, 선악과를 먹게 한 마귀는 합법적으로 심판을 받게 되었다.

④ 범죄한 마귀는 용서하지 않았지만, 인간은 예수가 죽음과 부활을 경험하는데 쓰임을 받았기 때문에 그 공로로 구원의 선물을 얻게 되었다.

김기동 목사의 주장대로 과연 성부 하나님께서 성자 하나님 예수가 죽음과 부활을 경험하고 하늘 우편보좌에 들어가기로 서로 동의하셨는가? 예수의 죽음과 부활은 성부 하나님의 허락하에서 진행된 것인가, 아니면 각각 인격이 동등한 분이시니 각각 결정하고 각각 시행하시는가? 그렇다면 이때 성령께서는 어떤 결정을 내리셨는가? 김기동 목사가 주장하는 〈하나님의 의도〉는 추리소설 같은 주장으로 가득하다. 성경은 예수께서 육신을 입으시고 이 세상에 오심은 우리 대신 죽으시고 부활하심으로써 우리로 하여금 죽음이 없는 영원한 삶을 살게 하기 위함이다. 성경은 인간의 죽음은 선악을 알게 하는 나무의 열매를 먹은 죄와 허물로 인한 것이라고 말한다.(엡 2:1)

(롬 5:12) 이러므로 한 사람으로 말미암아 죄가 세상에 들어오고 죄로 말미암아 사망이 왔나니 이와 같이 모든 사람이 죄를 지었으므로 사망이 모든 사람에게 이르렀느니라

그러나 김기동 목사는 하늘에서 범죄한 천사를 합법적으로 심판하기 위해서 그를 가두기 위한 감옥으로 우주를 창조했다고 한다. 그리고 예수가 성부 하나님이 아들을 위해 예비한 우편보좌 하늘에 들어가기 전에 천사를 창조하였고, 인간은 우주 안에서 창조되었다는 것이다. 그리고 아들 예수는 아버지가 자기를 위해 예비한 우편보좌에 들어가기 전에 성부와 동등한 자리를 버리고 죽음과 부활을 경험하려고 결심했다고 한다. 그러나 그의 주장과 달리 예수님은 십자가의 죽음 앞에서 심히 두려워 하셨으며, 땀방울이 핏방울처럼 되도록 아버지께 애원하였다.

그의 죽음은 그가 스스로 선택한 것이 아니었으며, 인류의 죄를 대속하기 위해 십자가에 내어주시려는 성부 하나님의 원대로 되길 기도하셨다. 그러므로 예수의 죽음은 스스로 결정하신 것이 아니며, 성부 하나님께서 인간의 죄를 대속하기 위해 아들을 십자가에 내어주신 것이다. 따라서 성부 하나님과 동등됨을 취하지 않고 죽음과 부활을 경험하기로 작정하셨다는 김기동 목사의 주장은 성경의 가르침과 거리가 멀다. 예수님은 세상 죄를 지고 가는 한 마리의 어린양으로 인류에게 내준 바 되셨으며, 예수님은 십자가 처형 직전에 이렇게 기도하셨다.

(마 26:38-29) 이에 말씀하시되 내 마음이 심히 고민하여 죽게 되었으니 너희는 여기 머물러 나와 함께 깨어 있으라 하시고, 조금 나아가사 얼굴을 땅에 대시고 엎드려 기도하여 가라사대 내 아버지여 만일 할만하시거든 이 잔을 내게서 지나가게 하옵소서 그러나 나의 원대로 마옵시고 아버지의 원대로 하옵소서 하시고

(눅 22:42-44) 이르시되 아버지여 만일 아버지의 뜻이거든 이 잔을 내게서 옮기시옵소서 그러나 내 원대로 마시옵고 아버지의 원대로 되기를 원하나이다 예수께서 힘쓰고 애써 더욱 간절히 기도하시니 땀이 땅에 떨어지는 핏방울 같이 되었더라

십자가 죽음 앞에서 기도하시는 예수님의 얼굴에서 떨어지는 땀방울이 핏방울처럼 변했다. 그러나 그는 자신의 뜻을 관철하지 않았고 하나님의 뜻에 순종하셨다. 처형 직전 깊은 번민과 고뇌 속에서 드렸던 핏방울의 기도는 그가 스스로 죽음을 택한 것이 아니었다.

"우리 속에서 말씀의 역사가 없으면 하나님의 관심은 우리에게서 떠나고 맙니다. 하나님은 우리에게 능력을 심으시고 우리가 그 능력을 어떻게 나타내는가에 관심을 가지십니다. 가인과 아벨이 제사를 드렸지만 가인은 하나님의 관심을 끌지 못했습니다. 하나님의 관심을 끈 아벨은 형에게 죽임을 당했습니다. 에녹은 하나님의 관심을 끌며 하나님과 동행하더니 어느 날 하나님께 데려감을 입었습니다. 노아도 하나님의 관심을 끌더니 세상이 멸망할 때 그의 가족과 온전히 살아남았습니다."(베원, p.469)

그는 "성경에는 하나님의 관심사가 들어 있습니다"라는 말로 하나님의 관심에 대해 설명하면서 가인이 제사에 실패한 것은 하나님의 관심을 끌지 못했기 때문이라고 한다. 과연 가인이 하나님의 관심을 끌지 못해 제사를 실패했는가? 하나님은 가인이 제사에 실패한 이유에 대해 이렇게 말씀하셨다.

(창 4:3-5) 세월이 지난 후에 가인은 땅의 소산으로 제물을 삼아 여호와께 드렸고 아벨은 자기도 양의 첫 새끼와 그 기름으로 드렸더니 여호와께서 아벨과 그 제물은 열납하셨으나 가인과 그 제물은 열납하지 아니하신지라 가인이 심히 분하여 안색이 변하니

하나님은 "아벨의 제사"를 열납하신 것이 아니라 "아벨과 그 제물"을 열납하셨다. 하나님은 "가인의 제물"을 열납하지 않으신 것이 아니라 "가인과 그 제물"을 열납하지 않으셨다. 즉 하나님은 제물만 받으시는 것이 아니라 그 제물을 바치는 자의 삶과 함께 제물을 받으셨던 것이다. 그렇게 하나님은 아벨의 순종하는 삶은 인정하셨지만, 가인의 죄악된 삶은 인정하지 않으셨다. 성경은 가인은 마귀에게 속해 살았다고 말한다. 여기에서 "악한 자"는 마귀를 의미하며, 가인은 마귀의 종이 되어 동생을 죽였다.

(요일 3:12) 가인 같이 하지 말라 저는 악한 자에게 속하여 그 아우를 죽였으니 어찐 연고로 죽였느뇨 자기의 행위는 악하고 그 아우의 행위는 의로움이니라

가인이 하나님의 관심을 끌지 못해 제사에 실패했고, 아벨이 하나님의 관심을 끌어 제사에 성공했다면 하나님의 관심을 끈 아벨이 왜 형에게 맞아 죽어야 했는가? 그렇다면 왜 김기동 목사는 하나님의 관심을 끌라고 하는가? 아벨처럼 하나님의 관심을 끌고 맞아 죽으라는 것인가? 하나님은 제물만 받으시는 것이 아니라 제물과 함께 사람을 동시에 받으신다는 것에 대해 이사야 선지자는 이렇게 말했다.

(사 1:11-15) 여호와께서 말씀하시되 너희의 무수한 제물이 내게 무엇이 유익하뇨 나는 수양의 번제와 살진 짐승의 기름에 배불렀고 나는 수송아지나 어린 양이나 수염소의 피를 기뻐하지 아니하노라 너희가 내 앞에 보이러 오니 그것을 누가 너희에게 요구하였느뇨 내 마당만 밟을 뿐이니라 헛된 제물을 다시 가져오지 말라 분향은 나의 가증히 여기는바요 월삭과 안식일과 대회로 모이는 것도 그러하니 성회와 아울러 악을 행하는 것을 내가 견디지 못하겠노라... 너희가 손을 펼 때에 내가 눈을 가리우고 너희가 많이 기도할찌라도 내가 듣지 아니하리니 이는 너희의 손에 피가 가득함이니라

하나님은 성회에 참석하여 제물을 드리는 자들이 성회와 함께 악을 행하는 것을 견딜 수 없다고 하셨다. 그것은 헛된 제물이었고, 하나님께서 바라시는 것이 아니었다. 그들의 분향은 가증스러웠고 하나님께서 견딜 수 없는 모욕이었다. 하나님은 제물을 바치기 전에 먼저 거짓과 위선, 간음과 살인 따위를 버리라고 하셨다.

"우리가 성경을 수십 독 할지라도 하나님의 뜻을 모르면 성경을 정확히 알 수 없습니다. 하나님의 의도는 베뢰아 아카데미에서 다루는 핵심입니다. 예수의 죽음은 우발적인 사고가 아니라 영원전부터 작정된 일입니다. 하나님은 자신을 가장 사랑하십니다. 어떤 사람들은 하나님이 세상을 사랑하시되 그 독생자의 목숨을 버릴 만큼 세상을 사랑하셨다 하여, 하나님이 사랑하신 비중을 아들보다 세상에 두셨던 것처럼 생각합니다. 이것이 인본주의입니다. 인본주의 신앙은 아담이 범죄 했기 때문에 비로소 하나님의 아들이 와서 대신 죽으셨다는 것을 기본으로 합니다. 인간을 최고의 가치로 여기다 보니 하나님은 인간을 위한 시녀로 격하되고 인간에 대한 무한한 애착 때문에 하나님이 희생하시고 오래 참으시는 것으로 착각합니다."(베원, p.470-473)

성경을 수십 독 해도 하나님의 의도를 모르면 성경을 '알 수 없다는' 주장은 어떤 면에서 틀린 말이 아니다. 문제는 그가 주장하는 '하나님의 의도'가 보편적 진리가 아닌 궤변이라는 점이다.

예수의 죽으심은 인간의 죄와 상관없이 영원 전부터 미리 작정된 것이라는 김기동 목사의 주장과 달리 인간에 대한 구원 계획은 창세 전에 그리스도 안에서 작정하신 뜻이다. 하나님은 창세 전 "예수 그리스도 안에서" 인간의 구원을 예정하셨다.(엡 1:4) 즉 인간의 구원은 성부나 성자 각각의 독단적인 결정에 의한 것이 아니다. 하나님의 영원한 예정과 작정은 자의(恣意)로 된 것이 아니며, 독단적인 결정이 아니다. 성경은 그것이 "그리스도 안에서"라고 분명히 선포하고 있다. 성부 하나님은 성자 예수 그리스도를 통한 인류 구원의 계획을 갖고 계셨고, 또 그 뜻에 따라 세상을 창조하셨다. 따라서 하나님의 창조는 인간의 타락과 예수 그리스도의 십자가의 구원이 전제가 된 창조라고 할 수 있다. 그러나 김기동 목사는 이렇게 주장한다.

"하나님은 자신을 가장 사랑하십니다. 어떤 사람들은 하나님이 세상을 사랑하시되 그 독생자의 목숨을 버릴 만큼 세상을 사랑하셨다 하여, 하나님이 사랑하신 비중을 아들보다 세상에 두셨던 것처럼 생각합니다. 이것이 인본주의입니다. 인본주의 신앙은 아담이 범죄 했기 때문에 비로소 하나님의 아들이 와서 대신 죽으셨다는 것을 기본으로 한다. 인간을 최고의 가치로 여기다 보니 하나님은 인간을 위한 시녀로 격하되고 인간에 대한 무한한 애착 때문에 하나님이 희생하시고 오래 참으시는 것으로 착각합니다. 인간이 범죄했기 때문에 하나님의 아들을 억지로 끌어 내려서 십자가에 달리게 하신 것이 아닙니다. 하나님이 자신의 목적을 위해, 승리를 위해 잠시 고난을 받으신 것이 인간에게 은혜가 된 것입니다. 하나님이 인간을 사랑하시는 것은 하나님의 뜻을 위한 것입니다."(베원, p.470-473)

김기동 목사의 주장처럼 과연 하나님은 이기적이며 자애적인 존재일까? 오직 자기의 목적을 위해 인간을 도구로 이용하셨다는 하나님은 성경에서 말씀하시는 하나님이 아니라 다른 하나님이다.

(딤후 1:9) 하나님이 우리를 구원하사 거룩하신 부르심으로 부르심은 우리의 행위대로 하심이 아니요 오직 자기 뜻과 영원한 때 전부터 그리스도 예수 안에서 우리에게 주신 은혜대로 하심이라

(벧전 1:20) 그는 창세전부터 미리 알리신 바 된 자나 이 말세에 너희를 위하여 나타내신바 되었으니

(고전 2:7) 오직 비밀한 가운데 있는 하나님의 지혜를 말하는 것이니 곧 감취었던 것인데 하나님이 우리의 영광을 위하사 만세 전에 미리 정하신 것이라

(요 17:24) 아버지여 내게 주신 자도 나 있는 곳에 나와 함께 있어 아버지께서 창세 전부터 나를 사랑하시므로 내게 주신 나의 영광을 저희로 보게 하시기를 원하옵나이다

이러한 구절들은 '하나님을 믿는' 우리에게 큰 위로와 평안을 준다. 인간은 원래 창조되기 전부터 '구원의 주'(The Savior)가 계셨으며, 영원 전에 작정된 놀라운 은혜가 그리스도를 통해 우리에게 나타났다. 하나님의 인간에 대한 구원은 영원하며, 그 어떤 피조물도 그 계획을 좌절시키거나 수정하거나 방해할 수 없는 절대적인 것이다.

(롬 8:35-39) 누가 우리를 그리스도의 사랑에서 끊으리요 환난이나 곤고나 핍박이나 기근이나 적신이나 위험이나 칼이랴 기록된바 우리가 종일 주를 위하여 죽임을 당케 되며 도살할 양 같이 여김을 받았나이다 함과 같으니라 그러나 이 모든 일에 우리를 사랑하시는 이로 말미암아 우리가 넉넉히 이기느니라 내가 확신하노니 사망이나 생명이나 천사들이나 권세자들이나 현재 일이나 장래 일이나 능력이나 높음이나 깊음이나 다른 아무 피조물이라도 우리를 우리 주 그리스도 예수 안에 있는 하나님의 사랑에서 끊을 수 없으리라

하나님은 창세전에 예수 그리스도 안에서 인간을 구원하시려는 은혜의 계획을 세우셨고, 때가 차매 그 아들을 세상에 보내셨으며, 그를 믿고 의지하는 자들을 아들로 삼으셨다.

(갈 4:4-7) 때가 차매 하나님이 그 아들을 보내사 여자에게서 나게 하시고 율법 아래 나게 하신 것은 율법 아래 있는 자들을 속량하시고 우리로 아들의 명분을 얻게 하려 하심이라 너희가 아들인고로 하나님이 그 아들의 영을 우리 마음 가운데 보내사 아바 아버지라 부르게 하셨느니라 그러므로 네가 이후로는 종이 아니요 아들이니 아들이면 하나님으로 말미암아 유업을 이을 자니라

1991년까지 김기동 목사는 하늘에 밝은 불빛이 번쩍이는 '광시 체험'에서 두 가지를 깨달았다고 했다. 첫째는 요한복음 8:31 "너희가 내 말에 거하면 참 내 제자가 되고 진리를 알찌니 진리가 너희를 자유케 하리라"요, 둘째는 요한복음 15:7 "너희가 내 안에 거하고 내 말이 너희 안에 거하면 무엇이든지 원하는 대로 구하라 그리하면 이루리라"였다. 그러나 〈베뢰아 원강, 2007년 2쇄 판〉 7페이지에서는 '하나님의 의도'라는 말을 보태어 '광시 체험'에서 하나님의 의도를 깨달았다고 주장하기 시작했다. 그러나 그가 주장하는 '하나님의 의도'는 1992년 서울침례신학교 (현 베뢰아국제대학원대학교) 강의실에서 행한 '베뢰아 사범반'에서 처음 사용하기 시작한 것이다.

1992년부터 김기동 목사는 '하나님의 의도'를 제1의(第一義), 제2의(第二義), 제3의(第參義)로 세분화하고, 각각의 핵심 개념을 발표하였으며, 제3의는 인간 구원. 제2의는 마귀 진멸, 제1의는 '하나님의 이름을 위하여' 또는 '후사론' 또는 '보좌를 위하여'라면서 제1의는 영계 하늘, 제2의는 공중 혹은 궁창, 제3의는 세상 혹은 땅이라고 했다. 제1의, 제2의, 제3의의 주요 배경이 되는 공간이 각각 다르다는 것이다. 각각의 주된 관심이 되는 영적 존재는 제3의는 하나님과 인간, 제2의는 하나님과 천사, 제1의는 아버지와 아들의 관계로 구성했다.

성락교회 홈페이지에는 하나님의 의도에 대해서 이렇게 설명하고 있다.

"하나님의 의도(意圖)"란 하나님의 뜻이 파노라마처럼 한 폭의 그림으로 펼쳐진 것으로, 김기동 목사의 신학을 가장 의미있게 표현한 것입니다. 1962년 5월에 청년 김기동은 야외예배에 가던 중 "밝은 빛 체험"을 하는 순간 성경이 영감이 넘치는 무오한 하나님의 말씀임을 깨닫고, 그때까지 75독을 하며 알고 있던 성경의 수많은 내용들이 한 폭의 그림으로 조립되는 것을 경험하고 이를 "하나님의 의도"라고 이름지었습니다. 하나님의 의도는 3중 구조적 의의(意義)를 가지고 있습니다. 제1의 의는 아버지가 아들을 후사로 삼으시고 하늘을 지으셨음을 말합니다. 아들은 아버지와 동등됨을 취하지 않으시고 영원히 자신을 낮춰 인자가 되셔서 죽음과 부활을 통해 보좌에 오르십니다. 그 과정에서 인자는 하나님의 이름을 모독한 마귀를 진멸하여 아버지의 명예를 회복하는데, 이는 제2의 의가 됩니다. 제3의 의는 인자가 피흘리는 죽음을 통해 그 보혈로 마귀에게서 인류를 구원해 주심을 말합니다. 이러한 하나님의 의도는 하나님의 유일하심을 신앙의 기본으로 재확립함으로써 신본주의적 신앙을 갖게 하며, 그리스도의 몸된 교회로 하여금 그리스도의 남은 고난을 역동적으로 감당하게 합니다. 또한 인류에 대한 하나님의 사랑을 새롭게 인식하게 함으로써 이 땅에서 성도의 삶을 영혼을 위한 기회로 이끕니다."

김기동 목사는 〈송죽암〉에서 〈하나님의 의도의 3가지 요지부동한 기둥〉에 대해 이렇게 말하고 있다. 이를 통해 베뢰아의 〈하나님의 의도〉가 시간이 지남에 따라 점점 말이 더해지고 있음을 보게 된다.

첫째는 '인자와 여자'이다. 예수는 여자의 몸에서 태어나신 '임마누엘' 하나님이시다. 그 여자는 하늘에서 지음을 받아, 사람 '아담'에게 부어 주심으로써 아담은 부모를 떠나 그 여자와 한 몸이 되었다. 아담 이전의 사람들은 영이 없었으나 이때로부터 아담은 영이 있는 생령이 되었고, 그 영은 '생명'

곧 '산 자의 어미'라 하여 '하와'라 하였다.(송죽암, 2019.3.10)

김기동 목사는 '하나님의 의도' 3가지 기둥 가운데 첫 번째 기둥은 "인자와 여자"라면서 하와는 하늘에서 지음을 받은 영(靈)으로, 하나님은 영이 없는 사람 '아담'에게 부어 주셨다고 한다. 그러나 김기동 목사는 앞서 강의에서는 영이 없는 첫 사람 아담은 혼(魂)이며, 하와는 하늘에서 내려온 영(靈)이라고 했다. 즉, 영이 없던 사람인 아담과 하늘에서 내려온 영인 하와가 한 몸이 되어 영적 존재가 되었고, 아담을 고르고 남은 나머지 영이 없는 존재들은 네피림이라는 것이다.

그렇다면 성경에서 말하는'인자(Son of Man) 예수'라는 의미는 무엇인가? 구약성경에서 '인자'(Son of Man)는 메시아, 곧 장차 오실 예수 그리스도로 묘사되며, 유대인들은 인자(人子)라는 말에 익숙한 민족이다. 다니엘 7:13에서 인자(Son of Man)라는 말은 장차 세상에 오실 예수 그리스도를 말한다.

(단 7:13-14) 내가 또 밤 이상 중에 보았는데 인자 같은 이가 하늘 구름을 타고 와서 옛적부터 항상 계신 자에게 나아와 그 앞에 인도되매 그에게 권세와 영광과 나라를 주고 모든 백성과 나라들과 각 방언하는 자로 그를 섬기게 하였으니 그 권세는 영원한 권세라 옮기지 아니할 것이요 그 나라는 폐하지 아니할 것이니라

'예수는 인자시다'라는 말은 '예수는 참 사람이다' 라는 뜻이다. 하나님은 에스겔을 93번씩이나 인자(son of man)라고 부르셨다. 하나님은 에스겔을 단순히 사람(human being)이란 뜻으로 인자(son of man)라고 하셨지만, 예수를 인자(Son of Man)라고 할 때는 완전한 신(요 1:1)이시며, 완전한 사람(요 1:14)이라는 의미로 불려진다. 예수는 본질에 있어서 '하나님의 아들'(The

Son of God)이시며, 동시에 '사람의 아들'(The Son of Man)이시다. 예수가 참 사람으로 오신 것을 믿지 않는 것은 거짓된 믿음이다.

(요일 4:2) 하나님의 영은 이것으로 알찌니 곧 예수 그리스도께서 육체로 오신 것을 시인하는 영마다 하나님께 속한 것이요

시간이 지나면서 자신의 주장을 번복하는 김기동 목사는 '하나님의 의도'의 핵심 사상인 제1의, 제2의, 제3의에 이어 새로운 구도의 '하나님의 의도'를 주장했는데, 침례는 세 가지 요지부동한 기둥이라고 했다. 그는 침례에 대해 그의 수필집 〈송죽암〉에서 주장한다.

둘째는 '침례'이다. 이는 모세가 광야에서 구리 뱀을 나무에 달아 놓고 그것을 믿는 자마다 구원을 얻었던 것같이 인자의 십자가의 죽으심과 연합한 자는 구원을 얻는다. 십자가의 강도가 자기와 함께 저주받은 다른 강도에게는 당연한 형벌을 받는 것이라 하였고, 예수의 죽으심은 죄가 하나도 없으신 의인의 죽음임을 믿고 그의 죽음에 자신도 연합하여 살고자 하였더니, 주 예수께서 그를 낙원으로 데리고 가셨다. 이것이 우리의 구원이다.(송죽암, 2019.3.10)

침례는 그리스도인에게 순종의 표시지만 결코 구원에 요구되는 것은 아니다. 우리는 침례가 구원에 요구된다는 가르침을 단호하게 거부해야 한다. 십자가 강도는 침례와 관계없이 주님과 함께 낙원에 갔다. 침례는 그리스도의 죽으심과 장사되심, 그리고 부활을 믿는 그리스도인의 신분과 정체성을 보여주는 순종의 행위다. 구원을 위해 예수 그리스도에 대한 믿음 외에 다른 것을 요구하는 것은 예수의 십자가를 헛되게 하는 것이다.

(롬 6:3) 무릇 그리스도 예수와 합하여 침례를 받은 우리는 그의 죽으심과 합하여 침례 받은 줄을 알지 못하느뇨

[NASB] Or do you not know that all of us who have been baptized into Christ Jesus have been baptized into His death?

사도행전 2:38의 올바른 뜻은 그들이 침례를 받고 구원을 받는 것이 아니라 "그들이 죄 사함을 받았기 때문에(because of) 침례 받았다"이다. 침례는 구원의 조건이 아니라는 뜻이다. 그러나 김기동 목사는 '하나님의 의도'의 핵심 사상인 제1의, 제2의, 제3의에 이어 새로운 구도의 '하나님의 의도' 가운데 세 번째는 '내 영혼은 어디로 가는가?'라고 한다.

셋째는 '내 영혼은 어디로 가는가?'이다. 분명히 알기는 죽어서 낙원에 들어갈 자들과 낙원에 들어가지 못하고 아브라함과 함께 있다가 심판을 받을 자들이 있고, 이들은 다 부활하는데 '생명의 부활'과 '심판의 부활'로 각각 나뉜다. 그러므로 '내 영혼은 어디로 갈 것인가?'(송죽암, 2019.3.10)

유대인들은 죽은 사람이 가는 곳을 음부라고 불렀다. 음부에는 고통의 구역과 위로의 구역이 있는데, 고통의 구역을 음부(hades), 위로의 구역을 낙원(paradise)으로 불렀다. 고통의 구역, 즉 음부로 가는 자들은 하나님과 단절되며, 예수께서 구원받은 십자가 강도와 함께 가신 음부는 위로의 구역인 낙원이었다.(눅 23:43)

(눅 16:22) 이에 그 거지가 죽어 천사들에게 받들려 아브라함의 품에 들어가고 부자도 죽어 장사되매 저가 음부에서 고통 중에 눈을 들어 멀리 아브라함과 그의 품에 있는 나사로를 보고

예수께서는 내세에 무슨 일이 일어나는지 알려주시기 위해 이 이야기를 비유로 말씀하신 것이 아니라, 하나님 말씀을 듣지 않는 바리새인들을 비판하기 위해 하신 말씀이다. 비유는 진리를 전하기 위한 수단일 뿐 그 자체는 진리가 아니다. 만일 이것이 비유가 아니고 진리라면 심각한 문제가 발생한다.

첫째, 거지 나사로가 죽어서 아브라함의 품에 안기는 것이 실제라면, 의인은 죽으면 모두 아브라함의 품에 안기게 된다는 말이 된다. 둘째, 부자는 아브라함의 품에 있는 나사로를 보면서 물을 달라고 부탁을 하는 장면이 나온다. 만약 이것이 실제라면, 악인들이 천국에 있는 가족이나 친구에게 물을 떨어뜨려 달라고 부탁할 수 있다는 말이 된다. 셋째, 부자와 거지 나사로 이야기가 실제라면, 죽음 이후 의인과 악인이 서로 보면서 대화할 수 있다는 말이 된다. 그곳은 더 이상 낙원이 될 수 없다. 따라서 부자와 나사로 이야기는 비유일 뿐, 실제 상황도 아니고, 진리 또한 아니다. 유대인들의 생각을 잘 알고 계셨던 예수께서는 위선적이며 이기적인 거지 나사로와 부자의 비유를 들어 부자들을 책망하셨다.

김기동 목사는 히브리서 1:2-3과 빌립보서 2:5-11을 가지고 제일의(第一義)인 후사론을 정립하였고, 요한일서 3:8을 가지고 제이의(第二義)인 마귀 박멸론을 만들었으며, 요한복음 3:16을 가지고 제삼의(第三義)인 인간 구원이란 '하나님의 의도'를 제작하였다. 그렇다면 김기동 목사가 '하나님의 의도' 중 제일의(第一義)라고 명명한 관련 구절인 히브리서 1:2-3과 빌립보서 2:6-8이 그런 의미를 지닌 말씀인지 살펴보기로 한다.

(히 1:2-3) 이 모든 날 마지막에 아들로 우리에게 말씀하셨으니 이 아들을 만유의 후사로 세우시고 또 저로 말미암아 모든 세계를 지으셨느니라 이는 하나님의 영광의 광채시요 그 본체의 형상이시라 그의 능력의 말씀으로 만물을 붙드시며 죄를 정결케 하는

일을 하시고 높은 곳에 계신 위엄의 우편에 앉으셨느니라

(빌 2:6-8) 그는 근본 하나님의 본체시나 하나님과 동등됨을 취할 것으로 여기지 아니하시고, 오히려 자기를 비워 종의 형체를 가져 사람들과 같이 되었고, 사람의 모양으로 나타나셨으매 자기를 낮추시고 죽기까지 복종하셨으니 곧 십자가에 죽으심이라

김기동 목사는 위 말씀을 근거로 〈주일신문〉에 다음과 같이 말했다.

하나님은 아들을 후사로 세우시고 그에게 주시려고 하늘을 창조하셨다. 하늘에 아들의 보좌를 두시고 거기에 '여호와'라는 이름을 두신 후 천사들을 창조하여 아들이 보좌에 좌정하실 때까지 그 이름을 받들어 섬기게 하셨다. 또한 그중 한 천사로 하여금 그 이름으로 보좌를 지키며 다스리게 하셨으니, 그가 곧 '여호와 사자'다. 아들은 하나님과 동등됨을 취하지 않고 자기를 낮추어 죽음을 맛보시고 부활을 통해 하늘에 들어가기로 작정하셨고, 아버지는 죽고 다시 사는 권세를 아들에게 계명으로 주셨다. 그런데 하나님의 아들이 하늘에 들어가기도 전에, 하나님의 아들을 섬기라고 지음 받은 천사들 중 1/3이 자기 지위를 떠나 타락하고 말았다. 이에 하나님은 타락한 천사들을 하늘에서 쫓아내어 심판 때까지 음부에 가두셨다. 타락한 천사들의 우두머리인 사단(마귀)은 하나님의 형상을 따라 그 모양대로 지음 받은 첫 아담을 타락시켰고, 마침내 피조계에 나타나신 하나님의 아들까지 죽임으로써 처음부터 하나님을 대적했다는 증거가 드러났다. 하나님은 아들을 죽은 자 가운데서 다시 살리사 마귀를 정죄하셨다.(평신도를 위한 용어 해설, 2007.12.15, 주일 신문)

히브리서는 연대와 저자가 불확실한 책으로, 구약의 언약과 예언이 예수를 통해 어떻게 성취되었는지, 그리고 유대인들의 전통적인 종교인 유대교

보다 얼마나 위대한지를 세밀하게 서술한 책이다. 유대인들은 구약의 약속과 예언 안에 담긴 메시아를 갈망해 왔지만 진작 그들이 기다리던 메시아 예수가 세상에 오셨을 때 그를 배척했다.

히브리서는 예수는 그 어떤 구약의 인물들 보다 위대하며, 천사보다 뛰어나고, 모세와 그 밖에 대제사장들보다 뛰어나신 분이심을 말하고 있다. 예수는 세상을 지으신 하나님이시자 또한 대리자(agent)시다. 그로 말미암아 모든 세계가 창조되었고, 그를 위해 창조되었으며, 그가 만물을 지으셨기 때문이다. 그는 성부와 성령과 동등하신 하나님이시다. 골로새서 1:16-17은 "만물이 그에게 창조되 하늘과 땅에서 보이는 것들과 보이지 않는 것들과 혹은 보좌들이나 주관들이나 정사들이나 권세들이나 만물이 다 그로 말미암고 그를 위하여 창조되었고 또한 그가 만물보다 먼저 계시고 만물이 그 안에 함께 섰느니라"라고 하였고, 요한복음 1:3은 "만물이 그로 말미암아 지은 바 되었으니 지은 것이 하나도 그가 없이는 된 것이 없느니라"라고 하였다.

히브리서 기자는 예수 그리스도는 만물을 지으신 주인이시며 또한 만물의 후사(상속자)라고 했다. 주인이자 상속자라는 말이 성립될 수 있는가? 만물이 자기 것인데 어찌 상속자가 될 수 있단 말인가? 그러나 김기동 목사는 여기서 한 가지 중대한 실수를 범했다. 성부 하나님이 성자 예수를 위해 하늘(영계)의 우편 보좌를 만들어 아들에게 상속했다는 것이다. 하늘의 우편 보좌를 성부 하나님이 아들에게 상속하려 하자 성자 예수는 그냥 들어가 앉을 수 있었지만 성부 하나님 앞에 겸손함을 취해 죽음과 부활을 경험하고 들어가기로 작정했다는 것이다. 김기동 목사는 자신의 이런 주장을 뒷받침하기 위해 빌립보서 2:6-8을 인용했다.

(빌 2:5-11) 너희 안에 이 마음을 품으라 곧 그리스도 예수의 마음이니 그는 근본 하나님의 본체시나 하나님과 동등됨을 취할 것으로 여기지 아니하시고 오히려 자기를 비워 종의 형체를 가져 사람들과 같이 되었고 사람의 모양으로 나타나셨으매 자기를 낮추시고 죽기까지 복종하셨으니 곧 십자가에 죽으심이라 이러므로 하나님이 그를 지극히 높여 모든 이름 위에 뛰어난 이름을 주사 하늘에 있는 자들과 땅에 있는 자들과 땅 아래 있는 자들로 모든 무릎을 예수의 이름에 꿇게 하시고 모든 입으로 예수 그리스도를 주라 시인하여 하나님 아버지께 영광을 돌리게 하셨느니라

김기동 목사는 위 구절을 '하나님의 의도' 가운데 '제일의(第一義) 후사론'의 근거로 삼는다. 빌립보서가 어떤 책인지 알게 되면 그의 주장이 허황된 주장이라는 것을 알게 된다. 빌립보서는 에베소서, 골로새서, 빌레몬서와 함께 그가 로마에서 가택연금을 당하고 있을 때 썼던 옥중서신이다.

주후 50년경 바울을 비롯한 실라, 디모데, 누가 일행은 에게 해(海)를 건너 빌립보 지방에 도착했다. 바울은 안식일에 기도처를 찾기 위해 나갔다가 강가에서 두아디라 성(城)의 보라색 옷을 다루는 수입상(a dealer)이며, 하나님을 공경하는 루디아라는 여자를 만났다. 하나님께서 그녀의 마음을 열어 주셔서 바울이 전하는 예수를 영접했으며 그녀와 온 집이 침례를 받았다. 이것이 빌립보 교회가 세워진 배경이다.(행 16:11-40) 그러나 에바브로디도가 담임하던 빌립보 교회의 성도들 사이에 다툼과 허영이 있었고(2:3-4, 4:2), 유대주의자에 대한 소문과(3:1-3), 도덕 폐지론자들이 교회를 어지럽혔다.(3:18-19) 특히 교회 안에 유오디아와 순두게 라는 두 여자로 인해 교회가 두 개로 쪼개져 반목과 다툼이 끊이지 않았다.

빌립보서는 로마에 가택 연금되어 있던 바울이 로마까지 왔던 에바브로디도를 통해 빌립보 교회 성도들에게 보낸 서신이다. 바울은 서신을 통해

반목과 갈등을 빚고 있던 교회의 두 지도자 유오디아와 순두게에게 주님 안에서 같은 마음을 품고, 예수님처럼 겸손함을 취할 것을 권고했다.

(빌 2:1-4) 그러므로 그리스도 안에 무슨 권면이나 사랑에 무슨 위로나 성령의 무슨 교제나 긍휼이나 자비가 있거든 마음을 같이 하여 같은 사랑을 가지고 뜻을 합하며 한마음을 품어 아무 일에든지 다툼이나 허영으로 하지 말고 오직 겸손한 마음으로 각각 자기보다 남을 낫게 여기고 각각 자기 일을 돌아볼뿐더러 또한 각각 다른 사람들의 일을 돌아보아 나의 기쁨을 충만케 하라

바울은 빌립보 교인들이 만일 그리스도 안에서 격려나, 사랑의 위로나, 성령의 교제나, 동정심이나 자비를 가지고 있다면, 같은 생각과 사랑을 가지고 뜻을 합하라고 권유했다. 즉 어떤 일이든지 다툼이나 허영으로 하지 말고, 겸손한 마음을 가져야 한다는 것이다.

(빌 2:5-8) 너희 안에 이 마음을 품으라 곧 그리스도 예수의 마음이니 그는 근본 하나님의 본체시나 하나님과 동등됨을 취할 것으로 여기지 아니하시고 오히려 자기를 비워 종의 형체를 가져 사람들과 같이 되었고 사람의 모양으로 나타나셨으매 자기를 낮추시고 죽기까지 복종하셨으니 곧 십자가에 죽으심이라

"너희 안에 이 마음을 품으라 곧 그리스도 예수의 마음이니"라는 뜻은 예수와 같이 겸손한 자세와 태도를 가지라는 것이다. 예수께서는 하나님과 동등하셨지만 인간을 위해 기꺼이 십자가를 지셨다. 그의 십자가의 죽음은 김기동 목사가 말하는 것처럼 성부 하나님이 성자 하나님을 이해 준비한 우편 보좌에 들어가기 위해 겸손함을 택하심이 아니다. 예수님은 할 수만 있다면 죽음의 잔이 지나가기를 땀방울이 핏방울이 되도록 간구하셨다.

(마 26:38-29) 이에 말씀하시되 내 마음이 심히 고민하여 죽게 되었으니 너희는 여기 머물러 나와 함께 깨어 있으라 하시고 조금 나아가사 얼굴을 땅에 대시고 엎드려 기도 하여 가라사대 내 아버지여 만일 할만하시거든 이 잔을 내게서 지나가게 하옵소서 그 러나 나의 원대로 마옵시고 아버지의 원대로 하옵소서 하시고

성부 하나님 앞에서 겸손함을 취해 스스로 죽음과 부활을 경험하기로 작 정했다는 김기동 목사의 주장과 달리 예수님은 십자가의 죽음을 피하고 싶 었지만 아버지의 뜻, 곧 창세 전에 그리스도 안에서 범죄한 인간을 구원하 시기로 예정하신 뜻이 이루어지기를 기도했다. 성경이 이렇게 분명히 말씀 하시거늘 김기동 목사는 성경과 다른 말로 성도들을 현혹했다.

(고전 15:1-4) 형제들아 내가 너희에게 전한 복음을 너희로 알게 하노니 이는 너희가 받은 것이요 또 그 가운데 선 것이라 너희가 만일 나의 전한 그 말을 굳게 지키고 헛되 이 믿지 아니하였으면 이로 말미암아 구원을 얻으리라 내가 받은 것을 먼저 너희에게 전하였노니 이는 성경대로 그리스도께서 우리 죄를 위하여 죽으시고 장사 지낸 바 되 었다가 성경대로 사흘 만에 다시 살아나사

사도 바울은 자기가 전하는 복음 외에 다른 것을 전하는 자는 저주를 받 아야 할 것이라고 했다. 창세 전에 하나님께서는 아들을 만유의 후사로 삼 으시고 그를 믿고 따르는 자들로 하여금 함께 후사가 되게 하시려고 선택하 신 하나님의 계획과 다른 말을 가르치는 자는 지옥의 판결을 받는 것이 마 땅하다.

(갈 1:7-9) 다른 복음은 없나니 다만 어떤 사람들이 너희를 요란케 하여 그리스도의 복 음을 변하려 함이라 그러나 우리나 혹 하늘로부터 온 천사라도 우리가 너희에게 전한 복음 외에 다른 복음을 전하면 저주를 받을찌어다. 우리가 전에 말하였거니와 내가 지

금 다시 말하노니 만일 누구든지 너희의 받은 것 외에 다른 복음을 전하면 저주를 받을 찌어다

"예수는 인간이 죄를 지었기 때문에 비로소 죽게 된 것이 아닙니다. 예수는 인간이 타락하기 전, 창세 전에 이미 죽기로 작정된 분입니다. 예수는 인간의 죄를 수습하려고 오신 분이 아니라 창세전에 이미 죽기로 작정된 분입니다. 예수의 죽음은 아담이 선악을 알게 하는 실과를 먹기 이전에 이미 작정되었습니다. 아담의 죽음 보다 예수의 죽음이 먼저 작정되었고, 인류는 예수 안에서 다시 태어나기로 예정되었습니다."(베원, p.425)

김기동의 이런 주장은 태양이 떠오르는 것을 보고 태양이 지구를 중심으로 공전한다고 우기는 것과 흡사하다. 한마디로 말해서 성경을 오해하고, 그렇게 오해한 성경을 바탕으로 스스로 멸망의 길을 택한 것이다.

예베소서 1:3-14은 만유의 후사되신 예수와 함께 후사된 구원받은 하나님의 거룩한 자녀, 곧 교회에 대한 놀라운 말씀이다. 에베소서 교회는 바울에게 있어서 특별한 교회였다. 그는 3차 선교여행 중에 에베소에서 3년 체류하였고, 예루살렘으로 돌아오는 길에 에베소 교회의 장로들(목회자들)을 불러 위로하고 격려했다. 바울은 사랑하는 제자 디모데를 에베소 교회의 목회자로 파송했고, 에베소 교회 성도들은 바울이 로마에서 가택연금을 당하고 있을 때 바울을 방문할 정도로 바울과 에베소 교회는 각별한 관계였다.

에베소서는 바울의 신학이 최고조에 이르렀을 때 기록한 교회론이다. 바울은 예수의 재림이 곧 임하게 될 것으로 생각했지만 다메섹 도상에서 부활하신 예수님을 뵈온 후 30년이 지났음에도 불구하고 재림이 없음을 보면서 깨달음이 있었다. 즉 예수의 재림은 예수의 몸된 교회를 통해 셀 수 없이 많

은 이방인들이 그리스도와 함께 후사로서 택함을 받은 후에 일어난다는 것이다. 바울은 에베소서 1:3-14에서 창세 전 그리스도 안에서 작정된 것이 무엇인지 말하고 있다.

(엡 1:3-14) 찬송하리로다 하나님 곧 우리 주 예수 그리스도의 아버지께서 그리스도 안에서 하늘에 속한 모든 신령한 복으로 우리에게 복 주시되 곧 창세 전에 그리스도 안에서 우리를 택하사 우리로 사랑 안에서 그 앞에 거룩하고 흠이 없게 하시려고 그 기쁘신 뜻대로 우리를 예정 하사 예수 그리스도로 말미암아 자기의 아들들이 되게 하셨으니 이는 그의 사랑하시는 자 안에서 우리에게 거저 주시는 바 그의 은혜의 영광을 찬미하게 하려는 것이라 우리가 그리스도 안에서 그의 은혜의 풍성함을 따라 그의 피로 말미암아 구속 곧 죄 사함을 받았으니 이는 그가 모든 지혜와 총명으로 우리에게 넘치게 하사 그 뜻의 비밀을 우리에게 알리셨으니 곧 그 기쁘심을 따라 그리스도 안에서 때가 찬 경륜을 위하여 예정하신 것이니 하늘에 있는 것이나 땅에 있는 것이 다 그리스도 안에서 통일되게 하려 하심이라 모든 일을 그 마음의 원대로 역사하시는 자의 뜻을 따라 우리가 예정을 입어 그 안에서 기업이 되었으니 이는 그리스도 안에서 전부터 바라던 우리로 그의 영광의 찬송이 되게 하려 하심이라 그 안에서 너희도 진리의 말씀 곧 너희의 구원의 복음을 듣고 그 안에서 또한 믿어 약속의 성령으로 인치 심을 받았으니 이는 우리의 기업에 보증이 되사 그 얻으신 것을 구속하시고 그의 영광을 찬미하게 하려 하심이라"

에베소서 1:3-14은 한 문장으로 되어 있는 매우 특이한 구절이다. 이는 하나님의 예정과 비밀(신비)을 깨달은 바울의 감격을 엿볼 수 있는 대목이다. 1장 6절, 12절, 14절 각 섹션은 삼위일체 하나님의 각각의 위(位: person)에 초점을 맞추어 찬양하는 형식으로 구성되어 있다. 본문에 나오는 "우리"라는 말은 개인을 의미하는 것이 아니고 교회 공동체를 의미한다. 에베소서가 개인 예정을 다루는 것이 아니라 교회 공동체의 예정을 다루는 교회론이다. 3절에서 교회의 신령한 복을 언급하면서, 첫 번째 섹션 4절에서 6절까지는 창세전에 그리스도 안에서 우리(교회 공동체)를 예정하신 것에 대해 찬송한다. 이어서 두 번째 섹션 7절부터 12절은 십자가에서 우리(교회 공동체)를 구속하신 은혜를 찬송하고, 세 번째 섹션 13절에서 14절은 교회 공동체의 구원을 인치신 성령님을 찬송하고 있다.

16. 베뢰아가 말하는 "하나님의 본질, 본체, 실상"은 무엇인가?

"하나님을 신으로 말할 때는 성령이라 하고, 하나님의 실존을 말할 때는 하나님의 아들을 말하며, 하나님의 본질을 말할 때는 아버지를 말합니다. 성령은 모든 영의 본영(本靈)이십니다. 본영이란 모든 영의 아버지라는 뜻입니다. 하나님은 본체시며, 성령은 본영(本靈)이고, 예수는 본체의 형상입니다. 하나님은 영이시니 성령, 곧 거룩한 영이시요, 만물의 시작 전 곧 영원전부터 계시는 분이십니다. 하나님의 본체란 하나님 안에 계시는, 하나님과 한 몸 되신 분 곧 하나님이라는 뜻입니다."(베원, p.207-209)

> **(히 1:2-3)** 이 모든 날 마지막에 아들로 우리에게 말씀하셨으니 이 아들을 만유의 후사로 세우시고 또 저로 말미암아 모든 세계를 지으셨느니라 이는 하나님의 영광의 광채시요 그 본체의 형상이시라

히브리서 1:3에는 "본체"라는 단어가 나온다. "본체"로 번역된 헬라어 "휘포스타시스"(ὑπόστασις,)는 '본질', '본체', '실상'라는 뜻을 지닌 단어이며, 이것을 헬라어 사전은 '본질', '실체', '실상' '본체'로 번역했다. '휘포스타시스'는 '본질', '본체', '실상', '실체'라는 뜻으로 모두 한 뜻을 지닌 단어이다.

하나님은 "본질"이며, 예수는 "본체"라는 김기동 목사의 주장은 같은 의미의 단어를 한문식으로 해석한 것이다. 김기동 목사의 해석대로 한다면 이것은 마치 로스앤젤레스와 LA의 날씨가 다르다는 식으로 설명하는 것과 같

다. 하나님이 본질이라는 말은 성경에 없다. 따라서 삼위일체에서 "본질이 하나이다"라고 말할 때는 "휘포스타시스"라는 말을 사용한다.

김기동 목사는 양태론을 주장한 인물이다. 그는 성부, 성자, 성령은 모두 한 분 하나님으로서 형태만이 달라진 한 인격이며, 보는 각도에 따라 다르다고 주장한다. 이것은 기독교에서 이단으로 정죄 받은 사상이다. 성경은 하나님의 본성과 인격, 그리고 그분의 일이 무엇인지 말씀하신다. 하나님께 대한 그릇된 지식은 우상숭배에 빠지게 되며, 하나님이 누구신가에 대한 올바른 지식은 너무 중요하다. 시편 50:21을 보면 하나님께서 하나님을 오해하는 악한 자들에게 이렇게 말씀하셨다.

(시 50:21) 네가 이런 일을 행하여도 내가 침묵을 지켰더니 네가 나를 너와 같은 자로 생각하였다 그러나 이제 내가 너를 책망하고 네 죄를 하나하나 드러내리라

17. 베뢰아 천사론

"하나님은 아들이 보좌에 오르실 때를 위해서 하늘에 천사들을 창조하여 아들을 수종들게 하셨습니다. 천사는 맏아들이 하늘로 올리우실 때 그를 영접하고 환영하고 수종드는 자입니다. 아들이 아직 아버지의 품에 계셨을 때 여호와의 사자를 하늘 보좌에 두셨습니다. 보좌는 오직 하나님의 아들만 앉으실 수 있습니다. 하늘을 창조하기 전 하나님 아버지와 아들이 함께 계실 때는 천사가 필요 없습니다. 여호와에게서는 율법이 나오고, 예수에게서는 진리가 나옵니다. 히브리서 1:4에 "저가 천사보다 얼마큼 뛰어남은 저희보다 더욱 아름다운 이름을 기업으로 얻으심이니"라고 했습니다. 예수는 율법을 전해준 천사보다 뛰어난 이름을 가지고 오신 분입니다. 히브리서 2:7에 인간은 잠깐 동안 천사보다 못하게 지음을 받았다고 했습니다.(베원, p.216-228)

천사들은 하나님을 찬양하며, 경배하고, 하나님이 하시는 일을 기뻐하며 섬기는 영적 존재들이다. 천사들은 기도에 대한 하나님의 응답을 전달하며, 그리스도인들을 위험에서 건지기도 하고, 하나님의 자녀들이 세상을 떠날 때 받들기도 하며, 구원 얻을 성도들을 섬기라고 보내심을 받았다. 천사는 육체의 모양을 취할 수 있는 영적 존재이나 사람처럼 하나님의 형상을 따라 모양대로 지음 받은 존재가 아니다. 천사는 섬김의 대상이 아니며, 우리가 거룩한 천사들로부터 배울 수 있는 것이 있다면 하나님의 명령에 대한 즉각적이고 의심의 여지없는 복종이다.

김기동 목사는 히브리서 1:4을 근거로 예수가 천사보다 얼마큼 뛰어나다는 것은 예수가 율법을 전해준 천사, 즉 여호와의 사자보다 뛰어나기 때문이라고 말한다. 여호와의 사자는 율법을 가져왔고, 예수는 진리를 가져왔다는 것이다. 그러나 이것은 히브리서의 기록 목적과 전혀 다른 주장이다. 김기동 목사가 '여호와의 사자'와 '예수'를 구분하는 이유는 그의 삼위일체가 양태론에 기인하기 때문이다. 히브리서 1:4은 김기동 목사의 주장과는 달리 예수 그리스도는 선지자보다, 천사보다, 모세보다, 여호수아보다, 아론보다 더 크신 분이심을 말하기 위함이다. 히브리서는 유대교로 돌아가는 자들에게 왜 그들이 그리스도 예수를 바라보아야 하는 이유를 깨닫게 해주기 위해 기록한 책이다.

김기동 목사는 히브리서 2:7을 근거로 인간은 잠깐 동안 "천사보다 못하게" 지음을 받았다고 주장한다. 성경은 인간이 '천사보다 조금 못한 존재'라는 시편 8:5를 인용하였다. 그 이유는 헬라어 역본 70인 역(Septuagint)을 그대로 번역했기 때문이다. KJV나 NIV 성경은 "천사"로 번역하였지만, RSV는 시편 8:5의 "천사"를 "하나님"으로 번역하였다.

'천사'라고 번역된 히브리 원어는 "엘로힘"(하나님)이다. 이 단어를 70인 역 성경이 천사로 번역한 이유는 자료가 없으니 명확히 알 수는 없지만, 히브리서 기자가 시편 8:4-6에 나오는 인자를 기독론적으로 해석하여 그리스도를 천사보다 잠깐 못하게 하신 의미로 인용한 것으로 보인다. 개역 개정 성경이 "천사"를 "하나님"으로 바꾸어 번역한 것은 히브리 본문에 더 충실하기 위함이었을 것이다.

18. 베뢰아의 "권세와 권능"에 대한 해석

"천사는 사람의 모양이지만 육체가 없는 인격입니다. 인간은 육체 때문에 천사보다 잠깐 동안 못하다고 했습니다. 천사는 항상 증감될 수 있습니다. 천사는 하나님의 아들이 될 수 없습니다. 그러면 지금 천사들이 하는 일이 무엇입니까? 사도행전 1:8에 "성령이 너희에게 임하시면 너희가 성령을 받고"라고 했는데, 이는 천사들의 사역을 말합니다. 성경에서 권능은 본래 손가락을 뜻합니다. 욥기 1장에 '하나님의 아들들'이란 욥과 같은 신앙이 있는 인간들을 말합니다. 천사는 권세가 아니라 권능입니다. 천사는 마귀에게 정죄하거나 능력을 해체시킬 수 있는 힘이 없습니다. 기도하면 얼마든지 권능을 더 얻을 수가 있습니다. 우리에게 어느 때는 능력이 많았다가 어느 때는 적었다 하는 것은 기도할 때는 천사가 더 많이 오고 구하지 않을 때는 천사가 내 곁을 떠나기 때문입니다."(베원, p.236-297)

"아들"(son) 혹은 "자녀"(children)를 의미하는 히브리어 벤(ben)은 유동적으로 사용되는 단어이다. 이 단어는 구약성경에서 사촌을 포함한 아들들과 손자들에 사용되었다.(수 21:1, 민 36:11, 창 31:28) 이 단어는 이스라엘 민족 전체를 의미할 때도 있고, 때로는 천사들을 의미하며(욥 1:6), 신약성경에서는 구원받은 하나님의 자녀들을 의미하고. 개인적인 자녀와 이스라엘 백성, 그리고 천사를 '하나님의 아들'로 표현하였다. 따라서 천사는 하나님의 아들이 될 수 없다는 김기동 목사의 주장은 성경의 가르침이 아니다.

김기동 목사는 권능을 받는 것은 천사를 받는 것이라고 주장한다. 그러나 헬라어 '엑수시아'는 "권능", "권위" 또는 "권세"라는 뜻으로 사용할 수 있는 단어이다. 따라서 '엑수시아'는 마태복음 10:1에서는 "권능"으로, 마태복음 7:29과 마태복음 9:6-8에는 "권세"로 번역되었다. 또한 마태복음 7:22과 사도행전 4:7, 그리고 요한계시록 11:17에는 헬라어 '뒤나미스'를 "권능"과 "권세"로 각각 사용되었다.

(마 10:1) 예수께서 그 열두 제자를 부르사 더러운 귀신을 쫓아내며 모든 병과 모든 약한 것을 고치는 권능을 주시니라

(마 7:29) 이는 그 가르치시는 것이 권세 있는 자와 같고 저희 서기관들과 같지 아니함일러라

만일 김기동 목사의 주장대로라면 다음에 나오는 "권능"을 "천사"로 해석해야 한다. 이 본문에서 "권능" 대신 "천사"를 대입시키면 황당한 해석이 되고 만다. "권능"과 "권세"는 "엑수시아"와 "뒤나미스"라는 단어가 많이 사용되었는데, "엑수시아"는 권능 혹은 권세로도 번역되었고, "뒤나미스"도 "권능" 혹은 "권세"로도 번역되었다.

(빌 3:10) 내가 그리스도와 그 부활의 권능과 그 고난에 참예함을 알려 하여 그의 죽으심을 본받아

(벧전 4:11) 만일 누가 말하려면... 그에게 영광과 권능이 세세에 무궁토록 있느니라

(계 11:17) 곧 전능하신이여 친히 큰 권능을 잡으시고 왕 노릇 하시도다

19. 베뢰아가 주장하는 "미혹의 영"의 정체

"우리가 영계에 대해서 알려면 미혹의 영을 잘 알아야 합니다. 미혹의 영은 사탄과 다릅니다. 사탄은 하나님을 대적하여 타락한 천사이고, 미혹의 영은 하나님을 대적하진 않았으나 직무 소홀로 등급이 낮아진 자들입니다. 미혹의 영은 성도를 도우라고 보내신 천사 가운데서 그 사람의 신앙에 따라서 변질되어 버린 자입니다. 성도를 수종 드는 천사가 변질되면 '미혹의 영'이 되고 맙니다. '미혹의 영'이 되면 그때부터는 '하나님이 부리시는 악신'이 되어 하나님께서 미혹을 역사하시기 위해 쓰시는 도구로 전락합니다."(베원, p.250)

"한번 나쁜 습관에 젖어들면 그 습관에서 벗어나기 어렵습니다. 습관이 되었다는 말은 유혹에 빠졌다는 뜻입니다. 회개를 통해서 악습에서 벗어나지 않으면 하나님이 유혹을 택해 주시고, 미혹의 영으로 인해 괴로움을 당하게 됩니다."(베원, p.251)

"천사는 항상 증감될 수 있습니다. 기도의 분량에 따라 능력이 더할 수도 있고 덜할 수도 있습니다. 충만하면 천사가 증가되다가 충만치 않으면 나타나지 않을 수 있습니다. 기도를 많이 하면 더 많은 천사가 와서 돕습니다. 기도를 많이 하여 충만한 영적 상태를 유지해야 합니다. ... 성도마다 천사가 있는데 어떤 사람은 하나, 어떤 사람은 둘, 어떤 사람은 수십, 수백, 수천까지도 가지고 있습니다. '나에게 병고치는 능력을 주옵소서'라고 기도하는 것은 '나에게 병 고치는 천사를 주옵소서'라는 말과 같습니다."(베원,

p.237-238)

"사탄은 하나님을 대적하는 자요, 미혹의 영은 믿는 자가 도덕적으로 타락되로록 유혹을 역사하는 자입니다."(베원, p.257)

"열왕기상 22:19-23에… 하나님이 즉시 천사를 변질시키시니 그가 아합 왕을 유혹해 길르앗 라못에 가서 죽게 만들었습니다. 이와 같이 유혹이라는 말은 '미혹의 영'을 말합니다. 미혹의 영은 믿는 자가 도덕적으로 타락하도록 유혹을 역사하는 것입니다. 가변성 있는 천사는 변질될 수 있는 영들이고, 사탄은 완전히 타락해 버린 자입니다. 하나님이 부리시는 악신, 곧 미혹의 영은 성도의 상태에 따라 하나님의 명령에 의해 가변 된 것이고, 타락한 천사는 하나님을 반역한 것입니다. 귀신은 미혹의 영의 도움을 받아 사람 안에 들어갑니다. 미혹의 영은 귀신이 들어오게 하는 환경을 만들어 줍니다. 한번 미혹의 영에 걸리면 신앙을 유지하기가 어렵습니다. 아무리 훌륭한 주의 종이라 할지라도 주의 일을 하는 사람을 훼방하는 것은 하나님의 나라에 손해를 끼치는 것입니다."(베원, p.256-260)

열왕기상 22:19-23을 이해하려면 아합 왕에 대해 알아야 하고, 하나님의 주권이 무엇인지 이해할 필요가 있다. 아합 왕은 오므리의 아들로 사마리아에서 22년 동안 이스라엘을 다스렸다. 아합은 아버지 오므리의 뒤를 이어 바알을 섬기며 이스라엘의 모든 왕들 보다 하나님 앞에서 악을 행했다. 아합은 선지자 엘리야의 경고에 귀를 기울이기를 거부하였으며, 악에 사로잡힌 삶을 살았다. 아합의 우상숭배와 악행이 이스라엘에 가뭄의 심판을 가져왔는데도 엘리야가 가뭄으로 이스라엘을 괴롭혔다고 비난했다. 그는 아내 이세벨의 말을 듣고 여호와의 참된 선지자들을 죽이고 거짓 예언자들에 둘러싸여 살면서 하나님을 대적하였다. 아합은 엘리야가 갈멜산에서 바알의 예언자 450명과 대결하여 승리하였음에도 불구하고 회개하지 않았다.

아합은 미가야가 참된 여호와의 예언자라는 것을 알고 있었지만 자기에게 좋은 예언을 하지 않고 항상 나쁜 예언만 한다는 이유로 미가야를 미워했다. 미가야는 아합과 여호사밧 앞에 오기 전 도중에서 하늘의 어전회의(御殿會義)를 목격하고, 하나님의 마지막 경고를 전했지만 아합은 경고를 거부하고 거역하는 길을 택했다.

열왕기상 22:21에 나오는 "한 영"(a spirit)은 히브리어 '하루아흐'로 "루아흐" 앞에 정관사 "하"(the)가 붙어 있기 때문에 "그 영"(the spirit)으로 번역해야 함에도 불구하고 "한 영"(a spirit)으로 번역되었다. 그러나 히브리어 정관사 "하"(the)가 붙어 있기 때문에 22:24의 "여호와의 영"(the spirit of the Lord)과 비추어 볼 때 그 정체를 밝히는 단서가 될 수 있다. 열왕기상 22:19-23의 하늘의 어전회의는 마치 욥기 1:6-12과 2:1-7의 천상회의 모습과 매우 흡사하며, 하나님의 아들들이 여호와 앞에 서고 사탄도 여호와 앞에 서 있는 모습으로 나온다. 욥기 1장과 2장의 어전회의에는 하나님의 아들들인 선한 천사들과 사탄이 등장한다. 이 어전회의에서 사탄은 자신의 의견을 직접 하나님께 말하는 발언권을 갖고 있었으며, 하나님은 사탄의 말을 허락하셨다. 열왕기상 22:21-22에 나오는 어전회의는 욥기 1,2장과 동일한 패턴이다.

(왕상 22:21-22) Then a spirit came forward and stood before the Lord, and said, 'I will persuade him.' 22 The Lord said to him, 'In what way?' So he said, 'I will go out and be a lying spirit in the mouth of all his prophets.' And the Lord said, 'You shall persuade him, and also prevail. Go out and do so.'

[직역] 그때 한 영이 나아와서 여호와 앞에 서서 말하기를 "내가 그를 설득할 것입니다"라고 말했다. 여호와께서 그에게 "어떤 방법으로 할 것이냐?"라고 묻자 그는 말하기를 "내가 나가서 거짓말하는 영이 되어 모든 선지자들의 입에 있을 것입니다"라고 하였다. 여호와께서 말씀하시길 "너는 그를 설득하겠고, 설득하게 될 것이다. 나가서 그렇게 하라"

욥을 참소하던 사탄이 하나님의 허락 하에 욥에게 질병과 고난을 준 것처럼, 천사가 가변 된 것이 아니라 하나님의 허락 하에 악한 영이 아합의 거짓 선지자들의 입에 들어가 거짓말을 하게 하여 아합 왕을 죽이고자 한 것이다. 사사기 9:23에 "하나님이 아비멜렉과 세겜 사람들 사이에 악한 신을 보내시매 세겜 사람들이 아비멜렉을 배반하였으니"라고 했다. 그러므로 성도를 도우라고 보내심을 받은 천사가 성도를 올바로 돕지 못하면 하나님이 천사를 좌천시키고 변질시켜 악신으로 부린다는 김기동 목사의 주장(베뢰아 원강, p.257)은 성경의 가르침과 다르다.

김기동 목사가 주장하는 것처럼 '미혹의 영'이 믿는 자를 도덕적으로 타락하도록 유혹하고 병들게 하는 변질된 천사라면, 그가 생전에 앓던 당뇨병은 무엇인가? 그가 도대체 미혹의 영에게 어떤 환경을 만들어 주었단 말인가?

20. 베뢰아의 인간 창조론

김기동 목사는 창세기 1장의 아담은 첫사람이 아니었고 짐승같이 영이 없는 존재였으며, 많은 세월이 흐른 후에 수많은 사람들 중에서 최고로 나는 사람 하나를 택하여 생기를 불어 넣어줌으로서 영혼을 소유한 영적 존재인 아담이되었다고 주장한다.

사람을 두 번 창조하신 것이 아니다. 어떤 사람은 창세기 2장은 아담을 다시 창조한 것이라고 주장한다. 하나님께서 1장에서 창조하셨는데 마귀의 역사로 세상이 혼탁해져서 다시 창조했다는 것이다. 이것은 재창조설이다. 그러나 하나님은 사람을 두 번 창조하신 것이 아니다. 창세기 1:27에 흙으로 사람을 지으시고 그 중에서 한 사람에게 생기를 부어 생령, 즉 아담이 되게 하셨다. 그래서 노아 이전까지 아담의 후예는 하나님의 아들들이라고 했다.(베원, p.269)

"곧 아담이라는 사람 하나를 뽑으셨습니다. 이는 경건한 자손을 얻기 위함입니다. 땅에 충만한 사람 중에서 최고로 나은 자를 택하신 것입니다. 그에게 생기를 부어 생령, 곧 영적 사람이 되게 하셨습니다."(베원, p.644-645)

창세기 1장은 짐승을 먼저 지으시고 그 후에 사람을 지으셨는데, 2장에는 사람을 먼저 지으시고 짐승을 지어서 그것들을 사람에게 이끌어 오셨다. 이 때까지 아담은 독처하고 있었는데 하나님이 계획하신 대로 아담을 잠들게 하여 그에게 아내를 만들어 주셨다. 하나님이 아담에게 "에덴동산을 지키라"고 하시고 곧바로 하와를 만들어 주신 것이 아니다. 아담과 하와가 동시에 지으신 것이 아니라 상당한 시간이 흘렀다. 그러나 창세기 1장에는 남자와 여자를 동시에 지으셨다.(베아21,21) 이렇게 창조된 남자와 여자, 창세기 2장의 아담과 하와는 동일한 사람이 아니다.(베원, p.655)

"아담 이전에도 사람은 있었는데 그들은 네피림입니다. 그들은 아담을 얻기 위한 존재였으며 영적사람은 아담부터 시작됩니다. 네피림은 노아때까지 계속 존재하게 됩니다. 하나님은 노아때에 홍수로 호흡있는 모든 피조물을 쓸어버리시는데 이는 네피림을 멸하시기 위함이었습니다. 하나님은 많은 사람 가운데서 하나를 에덴으로 이끌어 내셨습니다. 이 이끌어 낸 사람에게 생기를 불어 넣으시니 그가 생령이 되셨습니다."(베원, p.695-696)

"이와같이 땅에 충만한 수의 사람 중에서 아담 하나를 뽑았으니, 그 아담이 얼마나 개화된 인간이었겠습니까? 하나님은 이렇게 한 사명자를 불러 이 기존적인 인격 위에 항구적 가치를 부여 하심으로 생령이 되게 하셨습니다."(마귀론 상. p.85)

"창세기 2:7에 '사람을 지으시고'라고 했습니다. 하나님은 완전한 사람을 지으셨습니다. '흙으로 모양을 만들고'가 아니라 '흙으로 사람을 지으시고'입니다. 사람을 지으시고 거기에 생기를 부어 생령, 곧 영적인 존재가 되게 하셨습니다. 생기를 부어 생령이 되었다는 것은 곧 영을 부었다는 것을 의미합니다. 인간에게만 특별히 생기를 부어 영적존재가 되게 하셨습니다. 동물의 모양을 만들고 동물에게 생기를 부은 것이 아닙니다. 동물은 그냥 동물로 만드신 것입니다. 동물에게는 생기를 붓지 않으셨습니다. 이들이 생령이 되지는 않았습니다. 인간에게만 생기를 부어서 생령이 되게 하셨습니다."(베원, p.268)

"이 우주 안에서 만들어진 피조물 가운데 인간만이 유일하게 영적존재가 되었습니다. 그래서 육이 죽으면 흙으로 돌아가고 영은 하늘로 돌아갑니다. 영적인 영원한 존재가 된 것입니다. 혼은 육과 함께 있다가 육이 죽으면 혼비백산하게 됩니다. 그런데 인간은 영이 있기 때문에 혼이 흩어지지 않고 영에 잠재하게 됩니다. 이처럼 영이 혼과 함께 있어서 영혼입니다. 육만으로도 인격이 안되고 혼만으로도 인격이 안됩니다. 인격은 육이 있을 때만 존재합니다. 육이 없으면 인격은 없어집니다. 그런데 영이 부여되는 바람에 육이 없어져도 혼이 영과 함께 있으므로 인격이 사라지지 않고 영원히 존재하게 되는 것입니다."(베원, p.271-272)

창세기 1장과 2장의 창조 순서는 서로 맞지 않기 때문에 성경 자체에 모순이 있는 것처럼 보이며, 각종 들짐승과 새들이 아담과 하와 사이에 창조된 것처럼 보인다. 그러나 창세기 2장의 창조 순서는 창세기 1장의 창조 순서와 어떤 모순도 없다. 히브리어 동사의 정확한 시제(tense)는 문맥에 의해 결정되기 때문이다. 창세기 1장에서 동물과 새들은 아담 이전에 창조되었다. 창세기 2:19의 히브리어 동사 '지으시고(formed)'는 과거완료 형태 '지으셨던(had formed)', 또는 과거완료 진행형 '지어오시고 있었던(having formed)'의 의미이다. 히브리어와 영어에는 우리 말에는 없는 동사의 시제가 사용되기 때문에 이해하기 쉽지 않다. 그러므로 창세기 2:19의 원래의 뜻은 "여호와 하나님이 흙으로 지으셨던 각종 들짐승과 공중의 각종 새를 아담이 어떻게 이름을 짓나 보시려고"라는 뜻이다. 창세기 2장의 설명은 1장과 전혀 다르지 않다.

김기동 목사가 창세기 2장의 인간 창조 설명을 창세기 1장의 창조와 다르게 해석하는 것은 성경에 대한 오해에서 비롯된 것이다. 창세기 2장은 창조에 대한 '또 다른(another)' 설명이 아닌데, 하늘, 땅, 궁창, 바다, 육지, 태양, 별, 달, 바다 생물 등의 창조에 대해서는 전혀 언급하지 않기 때문에 혼란을 빚은 것이다. 창세기 2장은 아담과 하와의 창조와 직접 관련된 것들과 하나님이 그들을 위해 특별히 준비했던 에덴동산에서의 삶에 대해 언급을 하고 있다. 그러나 창세기 1장은 하나님 관점에서 보는 창조에 대한 개관으로써, 창조 전체에 대한 '큰 그림(big picture)'이며, 창세기 2장은 사람의 관점에서 자세히 다루고 있다.

창세기 2:4에 "여호와 하나님이 천지를 창조하신 때에 천지의 창조된 대략이 이러하니라(These are the generations of the heavens and of the earth when they were created, in the day that the LORD God made the earth and the heavens)"라는 말씀이 있다. "대략"이란 단어는 창세기 1장에 대한 단락의 표시로, 이러한 용어는 창세기 5:1에 "아담 자손의 계보가 이러하니라 하나님이 사람을 창조하실 때에"(This is the book of the generations of Adam. In the day that God created man)라고 되어 있다.

여기에 나오는 'Generations(대략, 세대, 후예)'은 히브리어 '톨레돗(toledoth)'을 번역한 것으로, '기원(origin)' 혹은 '기원에 관한 기록'(record of the origin)을 의미한다. 다시 말해서 어떤 사건들에 대한 설명 또는 기록을 확인하는 것이다. 이 어구는 창세기에서 각 단락의 끝에서 주로 언급되었던 족장(아담, 노아, 노아의 아들들, 셈 등)들을 확인하는데 사용되었다. 창세기에는 이런 구분이 10번 나온다.

① 천지가 창조될 때에 하늘과 땅의 내력이니(창 2:4)
② 이것은 아담의 계보를 적은 책이니라(창 5:1)
③ 이것이 노아의 족보니라(창 6:9)
④ 셈의 족보는 이러하니라(창 11:10)

⑤ 데라의 족보는 이러하니라(창 11:27)

⑥ 이스마엘의 족보는 이러하고(창 25:12)

⑦ 이삭의 족보는 이러하니라(창 25:19)

⑧ 에돔의 족보는 이러하니라(창 36:1)

⑨ 에돔 족속의 조상 에서의 족보는 이러하고(창 36:9)

⑩ 야곱의 족보는 이러하니라(창 37:2)

창세기의 저자는 창조 기사에 대한 설명을 추가하면서, 여러 단락들에 대한 편집자 또는 편찬자로서의 역할을 수행했다. 따라서 '톨레돗'은 저자가 사용했던 역사적 기록들에 대한 출처를 밝히고 있다. 따라서 창세기 2장은 또 다른 창조가 아니라, 아담과 하와와 직접적으로 관련된 주제에 초점을 맞추고 있다. 창세기 1장에서 언급한 초목과 채소를 창세기 2장에서는 '들과 밭'으로 말하고 있으며, 그것들은 경작할 사람이 필요한 것들이었다.(창 2:5) 이것은 일반 식물들이 아닌 사람에 의해 경작될 식물들에 관한 표현이다. 창세기 2장의 나무들도 일반적인 나무들이 아닌 에덴동산에 있는 나무들이다. 창조의 큰 그림인 창세기 1장은 사건들의 순서에 관심을 두고 연대기적 순서에 따라서 첫째 날, 둘째 날, 저녁, 아침으로 기록되었다.

창세기 2장은 사건의 순서가 관심사가 아니기 때문에 다시 설명되는 사건의 연대기적 순서가 언급될 필요가 없다. 집중적으로 설명하려는 것을 순서대로 설명하고 있을 뿐이다. 창세기 2장에서 동물들은 아담이 창조된 후에 언급되었고, 아담이 창조된 후였다. 동물들은 아담이 창조된 후에 창조된 것이 아니다. 따라서 창세기 1장과 2장은 창조 사건에 대한 서로 모순된 설명이 아니다. 다시 말하자면 창세기 1장은 '큰 그림(big picture)'이며, 창세기 2장은 아담과 하와의 창조와 여섯째 날에 대한 좀 더 구체적이고 자세한 설명이다. 김기동이 창세기 1장의 남자와 여자는 동물의 암컷과 수컷과

같고 영이 없는 존재이며, 창세기 2장의 아담을 영을 소유한 영적 존재라고
주장하는 것은 이러한 창세기 1장과 2장의 구조를 이해하지 못한 무지에서
비롯된 것이다.

21. 베뢰아가 말하는 "생령"

"창세기 2:7에 '흙으로 모양을 만들고'가 아니라 '흙으로 사람을 지으셨다'는 것입니다. 사람을 지으시고 거기에 생기를 부어 생령, 곧 영적인 존재가 되게 하셨습니다. 생기를 부어 생령이 되었다는 것은 곧 영을 부었다는 것을 의미합니다. 인간에게만 특별히 생기를 부어 영적존재가 되게 하셨습니다. 동물의 모양을 만들고 동물에게 생기를 부은 것이 아닙니다. 동물에게는 생기를 붓지 않으셨으며, 이들은 생령이 되지는 않았습니다. 인간에게만 생기를 부어서 생령이 되게 하셨습니다."(베원, p.268)

영이 없는 많은 아담 중에서 한 사람을 선택하여 영을 불어 넣어 영적 존재가 되게 하였다는 김기동 목사의 인간 창조는 다윈의 진화론적 적자생존의 논리이며, 인간을 우생학(優生學)적 실험의 결과물로 취급하는 것과 같다. 창세기 1장에서 창조한 동물적인 암컷과 수컷인 사람들 중에서 가장 개량된 자를 하나 골라 코에 생령을 불어 넣어줌으로써 영을 소유한 아담이 되었다는 주장이 왜 거짓된 주장인가?

첫째, 창세기 5:1-3은 하나님의 형상대로 지음 받은 창세기 1:27의 사람이 창세기 5:1에 나오는 아담 자손의 계보라고 분명하게 말하고 있다.

(창 5:1-3) 아담 자손의 계보가 이러하니라 하나님이 사람을 창조하실 때에 하나님의 형상대로 지으시되 남자와 여자를 창조하셨고 그들이 창조되던 날에 하나님이 그들에게 복을 주시고 그들의 이름을 사람이라 일컬으셨더라 아담이 일백삼십 세에 자기 모

양 곧 자기 형상과 같은 아들을 낳아 이름을 셋이라 하였고

창세기 1:27의 사람과 5:1의 아담은 서로 다른 존재가 아니다. 만일 창세기 1장에서 하나님의 형상대로 지으신 사람이 김기동 목사의 주장처럼 짐승같이 영이 없는 암컷과 수컷에 지나지 않는 존재였다면 아담의 계보에 등장하는 아담이 동물적인 암컷과 수컷이라는 말이 된다. 창세기 5장에 나오는 아담 자손 계보는 창세기 1:27-28의 사람을 언급하고 있다. 창세기 5장에 나오는 "사람"은 히브리어 "아담"으로, 하나님의 형상을 닮은 영과 혼과 육을 지닌 완전한 사람이다. 창세기 1장에서 하나님의 형상으로 지음을 받은 사람이 영이 없는 사람이었다는 것은 하나님의 온전한 존재를 부인하는 것이다.

(창 1:26-27) 하나님이 가라사대 우리의 형상을 따라 우리의 모양대로 우리가 사람을 만들고 그로 바다의 고기와 공중의 새와 육축과 온 땅과 땅에 기는 모든 것을 다스리게 하자 하시고 하나님이 자기 형상 곧 하나님의 형상대로 사람을 창조하시되 남자와 여자를 창조하시고

창세기 1장과 2장을 연결하는 2:4의 "천지의 창조된 대략이 이러하니라"라는 구절은 창세기 1장의 내용을 2장에서 다시 설명하는 것이다. 따라서 창세기 2장은 창세기 1장과 다른 내용이 아니다. 예수께서는 마가복음 10:6-9에서 창세기 2:24을 인용하시면서 하나님이 짝지어 주신 것을 사람이 나눌 수 없다고 하셨다. 창세기 1장과 2장이 같은 내용이며 연속성을 갖는다는 것을 암시한다.

(막 10:6-9) 창조시로부터 저희를 남자와 여자로 만드셨으니 이러므로 사람이 그 부모를 떠나서 그 둘이 한 몸이 될찌니라 이러한즉 이제 둘이 아니요 한 몸이니 그러므로

만일 창세기 1장과 2장의 내용이 서로 다른 사건이라면, 예수님이 마가복음에서 한 구절로 함께 인용하지 않으셨을 것이다. "그러므로"(For this cause, For this reason)는 "앞의 문장을 이유로"라는 뜻이다. 만일 창세기 1장에서 창조된 남자와 여자가 창세기 2장의 아담과 하와와 다른 존재였다면 예수께서 "그러므로"라는 단어를 사용하시지 않으셨을 것이다. 그럼에도 불구하고 김기동 목사는 창세기 1:27에 나오는 지시대명사 "그들"이 복수형이기 때문에 창세기 2장 이전에 이미 영이 없는 수많은 사람들이 살았다고 주장한다. 여기서 말하는 "그들"은 앞 문장의 '남자와 여자' 두 명을 말하는 것으로 당연히 복수형태이며, 당연히 단수형을 쓸 수 없다. 그러나 창 1:27-28의 남자와 여자는 단수명사이며, 만일 베뢰아의 주장대로라면 남자와 여자가 복수가 되어야 한다.

김기동 목사는 창 1:27에 나오는 남자(자카르)와 여자(네케바)라는 단어가 단지 동물적인 암컷과 수컷을 의미한다고 주장한다. 그러나 "자카르"는 동물의 수컷에만 사용되는 단어가 아니라 사람의 남자로 사용된다.(창 17:10, 17:12, 34:15) "네케바" 역시 동물의 암컷에만 사용되는 단어가 아니며 사람의 여자에게도 사용되고 있다.(레 12:5, 12:7, 27:4) 김기동 목사는 창세기 1장의 사람은 영이 없는 존재이기 때문에 "생육하고 번성하라"고 했다고 한다. 그러나 "생육과 번성하라"는 말씀은 창세기 9:1에서 노아와 그 아들들에게도 하신 말씀이며, 심지어 아브라함에게도 하신 말씀이다.(창 28:3; 35:11)

김기동 목사의 주장대로 창세기 2장의 아담은 짐승 같이 영이 없는 사람들 중에서 한 사람을 선택하여 영을 불어 넣은 것이 아니다. 창세기 2:7에

"여호와 하나님이 흙으로 사람을 지으시고, 생기(니쉬마트 하임 = 호흡. 바람)를 그 코에 넣으시니, 사람이 생령(네페쉬 하야 =living Being)이 된지라."라고 했다. 히브리어 "네페쉬"는 "영혼" 혹은 "혼"으로 번역되었고, 헬라어로는 "프쉬게"이다. 이 단어는 매우 다양하며, 성경은 영과 혼에 대해 정확하게 구별하여 사용하지 않는다. "루아흐"(영)나 "네페쉬"(혼 또는 영혼)의 원래 의미는 "호흡"이며 "바람"이다. 따라서 창세기 2:7에서 하나님이 영을 부어 생령이 되었다는 것은 영적존재가 되었다는 뜻이며, 생기를 "영"으로 해석하고, 생령을 "살아있는 영적존재"로 해석하는 김기동 목사의 말은 억지 주장이다. 창세기 2장 7절에서 말하는 "생령"은 "영"을 말하는 것이 아니라 생명체(a living soul)를 의미한다. 개역 한글성경에 "생령"으로 번역하는 바람에 마치 영적인 의미로 오해하게 만들었다.

(창 2:7) 주 하나님이 땅의 흙으로 사람을 지으시고, 그의 코에 생명의 기운을 불어넣으시니, 사람이 생명체가 되었다."(표준새번역)

[KJV] And the LORD God formed man [of] the dust of the ground, and breathed into his nostrils the breath of life; and man became a living soul.

[NIV] the LORD God formed the man from the dust of the ground and breathed into his nostrils the breath of life, and the man became a living being.

사람에게만 '생령'(네페쉬 하야)이 사용된 것이 아니라 창세기 1:21의 짐승들에게도 이 단어가 사용되었다.(창1:21, 1:24, 1:30, 2:19) 만일 "생령"을 영적인 존재로 해석한다면 짐승들도 모두 영적인 존재가 되어야 한다. 이것은 모순이다. 따라서 우리말 성경에 "생령"이라고 번역된 "네페쉬 하야"는 "살아있는 영"이 아니라 "a living being" 또는 "a living sou", 즉 "사는 영"으로 생명체를 말한다.

(창 1:21,24) 하나님이 큰 물고기와 물에서 번성하여 움직이는 모든 생물을 그 종류대로, 날개 있는 모든 새를 그 종류대로 창조하시니 하나님의 보시기에 좋았더라. 하나님이 가라사대 땅은 생물을 그 종류대로 내되 육축과 기는 것과 땅의 짐승을 종류대로 내라 하시고

(창 2:19) 여호와 하나님이 흙으로 각종 들짐승과 공중의 각종 새를 지으시고 아담이 어떻게 이름을 짓나 보시려고 그것들을 그에게로 이끌어 이르시니 아담이 각 생물을 일컫는 바가 곧 그 이름이라

아담은 창세기 1장에서 흙으로 지음을 받고 하나님이 불어 넣어주신 전인적인 생명체였다. 만일 이러한 전인적인 생명체를 영이 없는 존재, 짐승의 숫컷과 암컷과 같은 존재로 해석하면 모순에 빠진다. 따라서 창세기 1장에서 짐승같이 영이 없는 아담 중에서 하나를 선택하여 생기를 불어 넣어주어 생령, 즉 영적 존재가 되었다는 김기동 목사의 주장은 비성경적인 가르침이다.

"어떤 사람은 창세기 2장은 아담을 다시 창조한 것이라고 주장합니다. 하나님께서 1장에서 창조하셨는데 마귀의 역사로 세상이 혼탁해져서 다시 창조했다는 것입니다. 이것은 재창조설입니다."(베원, p.69)

"창세기 1:27의 남자와 여자는 인격을 의미하는 것이 아니라 수컷과 암컷, 즉 자웅을 의미하는 것입니다. 그들의 임무는 땅에 충만해지는 것입니다."(베원, p.634-635)

"아담이라는 사람 하나를 뽑으셨습니다. 이는 경건한 자손을 얻기 위함입니다. 땅에 충만한 사람 중에서 최고로 나은 자를 택하신 것입니다."(베원, p.644-645)

창세기 1장에서 창조하신 세상이 마귀의 역사로 혼탁해져서 다시 창조했다는 것을 재창조설이라고 한다는 김기동 목사의 주장은 틀린 것이다. '재창조설'이란 '간격 이론'(Gap Theory)을 말하며, 자유주의 신학자들이나 극단적인 세대주의자들이 사이에 창세기 1장 1절과 2절을 놓고 그 사이에 상당한 시간적 간격이 있었다고 보는 견해이기 때문이다. 김기동 목사는 창세기 1장의 영이 없는 남자와 여자들 중에서 많은 세월이 흐른 후 가장 개량된 남자 하나를 골라 그 코에 생기를 불어 넣어 생령, 즉 영적 존재가 되게 했다고 하면서도 사람을 두 번 창조한 것이 아니라고 주장한다.

만일 김기동 목사의 주장대로 창세기 1:27의 남자와 여자는 인격을 의미하는 것이 아니라 수컷과 암컷, 즉 자웅을 의미하는 것이라면 그것이 사람의 범주 안에 들어가는 존재인가? 왜 하나님은 하나님의 형상과 모양을 따라 짐승 같은 존재를 먼저 지어야 했는가? "사람이 하나님의 형상과 그 모양을 따라 지음을 받았다"라고 할 때 '하나님의 형상과 모양'은 무엇을 말하는 것인가? 왜 하나님은 1장에서 영이 없는 사람을 만들었다가 다시 2장에서 영이 있는 아담을 만드셔야 했는가?

"이렇게 예수는 가장 개량된 인간 속에서 오셨습니다. 아담, 노아, 아브라함, 그리고 유다 중 다윗의 혈통에서 요셉과 정혼한 마리아에게서 태어나신 것입니다."(베뢰아 강의 테이프, 18-30)

"마리아가 태어날 때까지 열등한 것은 계속 끊어지고 우수한 것만 하나님의 보호 아래 개량되어 나왔습니다. '아브라함의 후손 다윗의 세계'는 그만큼 개량된 사람이라는 뜻입니다."(베윈, p.643)

김기동 목사의 말에 따르면 하나님께서 영이 없는 수많은 사람들을 지으식 그 중에서 최고로 나은 자, 즉 가장 개량된 네피림 하나를 고른 것은 경건한 자손, 즉 예수를 얻기 위함이었으며, 아담, 노아, 아브라함, 다윗과 요셉 같은 인물은 가장 개량된 사람들이었다고 한다. 그가 말하는 개량되고 열등하다는 의미는 무엇인가? 그 기준은 외모인가 아니면 성품인가? 아니면 다윈의 진화론에서 말하는 품종 개량인가? 가장 개량되었다는 아담은 하나님을 불순종했다. 무엇이 개량되었다는 말인가?

22. 베뢰아에서 말하는 "네피림"

김기동 목사는 창세기 1장의 영이 없는 아담은 인격적인 존재이며, 짐승의 암컷과 수컷과 같은 존재라고 했다. 그러나 나중에 말을 바꾸어 창세기 1장의 영이 없는 네피림은 인격이 아닌 암컷과 수컷이라고 했다.

"아담 이전에도 사람은 있었는데 그들은 네피림입니다. 그들은 아담을 얻기 위한 존재였으며 영적 사람은 아담부터 시작됩니다. 네피림은 노아 때까지 계속 존재하게 됩니다. 하나님은 노아 때에 홍수로 호흡 있는 모든 피조물을 쓸어버리시는데 이는 네피림을 멸하시기 위함이었습니다. 하나님은 많은 사람 가운데서 하나를 에덴으로 이끌어 내셨습니다. 이 이끌어 낸 사람에게 생기를 불어 넣으시니 그가 생령이 되셨습니다."(베뢰아원강, 695-696)

'네피림'이란 히브리어 단어의 뜻은 '떨어진 자'(fallen ones)란 뜻을 지닌 '나팔'에서 파생된 단어로, 하나님의 아들들(sons of God)의 후손들을 말한다. 여기에 근거하여 '네피림'이란 단어를 하늘로부터 떨어진 타락한 천사들의 후손으로 주장하는 학자들도 있으며, 김기동처럼 창세기 1장에서 영이 없는 사람 중에서 한 사람을 고르고 남은 나머지 영이 없는 사람이라고 말하는 자도 있다.

70인역(LXX)성경은 네피림을 '장부'란 뜻의 헬라어의 '기간테스'로 번역하였다. 또 라틴 벌겟역(Vulgate)과 킹제임스(KJV)성경은 '용사', '거인'이란 뜻의 '자이언트(giant)'로 번역하였다. 이들 성경은 네피림을 타락한 천사, 혹은 천사와 인간 사이에서 태어난 자로 해석하지 않았으며, '네피림'을 신체적 특성상 장부나 거인으로 볼 수 있는 사람 혹은 어떤 족속을 가리키는 것으로 간주하였다.

따라서 '네피림'은 신체적 특성과 도덕적 특성까지 지닌 존재이며, '훼방꾼', '무법자', '난폭꾼' 혹은 '가해자' 등의 속성을 지닌 사람으로, 노아 시대에 살던 거대한 신체를 지닌 '폭군들'내지는 '침략자들'로 노아 홍수 때 모두 죽었다. '네피림'(Nephilim)은 구약성경의 난해한 구절이기 때문에 어설프게 접근하는 것은 오히려 잘못된 해석을 하기 쉽다. 이 문제를 풀기 위해서 먼저 "하나님의 아들들과 사람의 딸들"의 정체를 살펴 보아야 한다. 김기동은 "하나님의 아들들"이란 영을 소유한 사람이라고 주장한다.

"하나님의 아들들"을 타락한 천사들로 보는 자들은 욥기 1:38, 시 29:1 등을 근거로 삼는다. 또한 예수께서 천사들이 결혼하지 않는다고 하였지 할 수 없다고 말하지는 않았다고도 말한다. 그러나 이러한 주장은 논리적 모순을 피할 수 없다. 첫째는 "타락한 천사들 때문에 왜 인간이 심판을 받았는가?"이다. 둘째는 "영적 존재인 천사들의 결혼과 출산을 해석할 방법이 없다."는 것이다.

성경에는 천사의 후손에 대해서 말한 구절이 없으며, 천사는 성도를 섬기라고 보내심을 받은 존재라고 말씀하셨다. 네피림은 노아 때까지 계속 존재하였으며, 노아 홍수는 네피림을 멸하시기 위함이었다는 김기동의 말과는 달리 홍수 이후에도 네피림의 후손인 아낙 자손이 등장한다.

(민 13:33) 거기서 또 네피림 후손 아낙 자손 대장부들을 보았나니 우리는 스스로 보기

에도 메뚜기 같으니 그들의 보기에도 그와 같았을 것이니라

히브리어 성경을 헬라어(코이네)로 번역한 70인역 성경에는 "네피림"을 "기간타스"(γίγαντας)라고 번역하였으며, "네피림 후손 아낙 자손"(the sons of Anak are from the Nephilim)이란 말은 나오지 않는다. 네피림은 고대 사회의 전설적인 거인(giant)을 뜻하는 말로, 가나안 땅에 갔던 정탐꾼들이 한 말이었다.

창세기 6장의 "하나님의 아들들"은 경건한 셋 계열이며, 사람의 딸들은 가인 계열의 땅들로 보는 것이 가장 설득력 있는 주장이다. 아벨 대신 주셨던 셋(Seth) 에노스를 낳았는데 "그때에 사람들이 비로소 사람들이 여호와의 이름을 불렀더라"라고 했다.(창 4:25-26) 여기에 나오는 "사람들"은 히브리어 원문에는 없고, 번역상 첨가한 것이다. "여호와의 이름을 불렀다"라는 히브리어의 의미는 기도와 희생 제물로 하나님께 제사를 드렸다는 의미이다. 셋(Seth)의 후손들을 살펴보면, 에노스에 이어 5대손 에녹은 300년 동안 하나님과 동행하였으며, 8대손 노아는 당대의 의인이었다고 했다.

(창 12:8) 거기서 벧엘 동편 산으로 옮겨 장막을 치니 서는 벧엘이요 동은 아이라 그가 그곳에서 여호와를 위하여 단을 쌓고 여호와의 이름을 부르더니

(창 13:4) 처음으로 단을 쌓은 곳이라 그가 거기서 여호와의 이름을 불렀더라

(창 26:25) 이삭이 그곳에 단을 쌓아 여호와의 이름을 부르고

네피림은 어떤 존재였을까? 이것은 성경 신학자들도 여기에 대해 서로 일치하지 않았으며, 일치된 결론을 내리지 못했다. 가나안 땅에 들어간 이

스라엘의 정탐꾼들이 그 땅에서 네피림의 후손인 아낙 자손들을 목격했다는 것도 설득력이 떨어진다. 전 세계적인 홍수에서 살아남아 가나안 땅에 살고 있었다는 것은 논리적으로 맞지 않기 때문이다.

성경은 네피림에 대해 명시적으로 밝히지 않는다. 따라서 우리는 성경이 침묵하는 것을 억지로 풀려는 유혹에서 벗어나야 한다. 성경이 이렇게 네피림에 대해 침묵을 하는데도 불구하고 제멋대로 해석하는 것은 하나님의 말씀인 성경에 대한 올바른 자세가 아니다. 네피림은 성경에 기록된 대로 노아 시대에 살던 '장부'(a giant), 혹은 '무법자' 정도로 이해하면 된다.

"이와 같이 땅에 충만한 수의 사람 중에서 아담 하나를 뽑았으니, 그 아담이 얼마나 개화된 인간이었겠습니까? 하나님은 이렇게 한 사명자를 불러 이 기존적인 인격 위에 항구적 가치를 부여하심으로 생령이 되게 하셨습니다."(마귀론 상권 p.85)

"창세기 1:27의 남자와 여자는 인격을 의미하는 것이 아니라 수컷과 암컷, 즉 자웅을 의미하는 것입니다. 그들의 임무는 땅에 충만해지는 것입니다."(베원, p.634-635)

"아담이라는 사람 하나를 뽑으셨습니다. 이는 경건한 자손을 얻기 위함입니다. 땅에 충만한 사람 중에서 최고로 나은 자를 택하신 것입니다."(베원, p.644-645)

김기동 목사는 영이 없는 수많은 네피림들 중에서 최고로 나은 자, 즉 가장 개량된 네피림 하나를 고른 것은 "경건한 자손", 즉 예수를 얻기 위함이었다고 한다. 말라기서 2:15은 그가 자신의 주장을 뒷받침 하기 위해 사용하는 구성이다. 그렇다면 그의 주장이 왜 틀렸는지 말라기 2장의 올바른 의미를 알아보자.

> **(말 2:15)** 여호와는 영이 유여하실찌라도 오직 하나를 짓지 아니하셨느냐 어찌하여 하나만 지으셨느냐 이는 경건한 자손을 얻고자 하심이니라 그러므로 네 심령을 삼가 지켜 어려서 취한 아내에게 궤사를 행치 말찌니라

남왕국 유다가 바벨론에서 70년 포로 생활을 마치고 스룹바벨의 인도로 1차 귀환을 할 당시 유력한 자들의 아내들 중에는 남편을 따라 유다 땅으로 돌아오지 않는 자들이 많았다. 그러자 본토로 돌아온 제사장들과 레위인들과 유력한 백성들은 이방 여인들을 아내로 삼았고, 하나님은 말라기 2:11-16에서 그들의 악행을 꾸짖으신 말씀이 말라기 2:15이다. 학사 에스라가 2차로 백성들을 인도하여 예루살렘으로 돌아왔을 때 이스라엘 공동체 안에는 이러한 심각한 문제를 보게 되었다. 이에 에스라는 옷을 찢고 머리털을 뽑으며 크게 슬퍼하였고, 이방인 아내를 취한 자 113명 중에 17명의 제사장들, 6명의 레위인들, 1명의 노래하는 자, 3명의 문지기, 86명의 평민의 이방인 아내들과 그 자녀들을 모두 쫓아냈다.(스 10:18-43)

에스라는 이러한 종교개혁을 마친 후 세상을 떠났고, 총독 느헤미야도 페르시아로 영구 귀국한 후 유다 백성들은 다시 타락했는데 이 시대가 말라기 시대이다. 말라기는 출애굽 후 천 년 동안 이스라엘을 짝사랑해 오시던 하나님께서 유다 백성들과 이별하는 장면이다. 말라기 2장 11-16은 이러한 배경 속에서 해석되어야 바른 이해가 가능하다.

> **(말 2:11-16)** 유다는 신의를 저버렸고 이스라엘과 예루살렘에서는 더러운 일이 있었으며 또 유다는 여호와께서 사랑하시는 성소를 더럽히고 우상을 섬기는 이방 여자들과

결혼하였다. 누구든지 이런 짓을 하면 그가 비록 전능하신 여호와께 제사를 드린다고 해도 여호와께서는 그런 자를 이스라엘 백성 가운데서 제거하실 것이다. 여호와께서 너희가 드리는 제물에 무관심하시고 그것을 기쁘게 받지 않으신다고 너희가 눈물로 여호와의 단을 적시고 울며 탄식하면서 그 이유가 무엇이냐고 묻고 있는데 이것은 너희가 어려서 결혼한 너희 아내에게 신실하지 않은 것을 여호와께서 알고 계시기 때문이다. 너희 아내는 너희와 결혼 서약을 한 너희 짝이었으나 너희는 너희 아내에게 신의를 지키지 않았다. 여호와께서는 너희를 아내와 한 몸이 되게 하시지 않았느냐? 이렇게 하신 목적이 무엇이냐? 이것은 여호와께서 경건한 자녀를 얻고자 하시기 때문이다. 그러므로 너희는 너희 마음을 지켜 젊어서 얻은 너희 아내를 배신하지 말아라. 이스라엘의 하나님 여호와께서 말씀하신다. "나는 이혼 자체를 미워하며 자기 아내에게 그런 끔찍한 짓을 하는 자를 미워한다. 그러므로 너희는 너희 마음을 지켜 너희 아내에게 신의를 저버리지 말아라.(현대인의 성경)

김기동 목사는 말라기 2장에서 말하는 "경건한 자손"을 예수라고 주장한다. 그러나 앞서 말한 것처럼 말라기 2장에서 말하는 "경건한 자손"은 어려서 취한 아내를 버리고 이방 여인들과 혼인한 신실하지 못한 이스라엘 백성들을 꾸짖는 말씀 중에 나온 말이다.

23. 베뢰아 김기동 목사의 귀신론

"노아 때부터 인간의 수명은 120년으로 제한되어 버렸습니다. 사람의 수명은 평균적으로 120년입니다. 이것은 예수 당시의 자연수명입니다. 불신자가 자연수명을 마치고 죽으면 무저갱으로 갑니다. 그러나 자연수명 대로 살지 못하고 죽으면 나머지 기간은 음부에 머물렀다가 무저갱으로 갑니다. 어떤 사람이 2살 때 죽었다면, 그는 귀신으로 118년 동안 활동하게 됩니다. 그러다 만수가 되면 무저갱에 갑니다. 그래서 늙어서 죽었다는 귀신은 하나도 없습니다. 모두 병들어 죽거나 교통사고로 죽었다고 합니다."(베원, p.285-287)

"육체가 없어지면 그 사람의 영은 낙원에 가지만, 귀신은 제삼자에게 들어갑니다. 옛날에는 인간이 천년 가까이 살았는데 노아때부터 인간의 수명은 백이십년으로 제한되어 버렸습니다. 사람의 수명은 평균적으로 백이십년입니다. 이는 예수 당시의 자연수명입니다. 불신자가 자연수명을 마치고 죽으면 무저갱으로 갑니다. 그러나 자연수명대로 살지 못하고 죽으면 나머지 기간은 음부에 머물렀다가 마침내 무저갱으로 들어가게 됩니다."(베원, p.286)

만약 어떤 사람이 두 살 때 죽었다면 그는 귀신으로 백십팔년 정도 활동하게 됩니다. 그러다 만수가 되면 자연히 무저갱으로 가게 됩니다. 그래서 귀신을 쫓을 때 늙어서 죽었다는 귀신은 하나도 없습니다. 모두 병들어 죽거나 교통사고로 죽었다고 합니다. 누가복음16장에 부자와 나사로 이야기가 있습니다. 부자가 병들어 죽었다고 하지 않았습니다. 그는 연락하며 편히 살다가 죽었고 죽어서 음부에 갔습니다. 무저갱은 음부 안에 있습니다. 나사로는 아브라함의 품 속에 들어갔지만, 부자는 음부에서 '아버지 아브라함이여 내가 불꽃 가운데서 고민하나이다'라고 고통스러워합니다. 아직 불속이 아닙니다. 불못이 아니라 불꽃입니다."(베원, p.287-288) .

"기독교교리는 낙원을 부정합니다. 성경에 낙원이 있어도 낙원을 이야기하면 이단시합니다. 그들의 신앙고백의 교리가 예수 믿고 죽은 사람은 천국 갔다고 말하기 때문입니다. 지옥갔으니 다시 올라올 수 없기 때문에 불신자의 사후존재를 부인하는 것입니다. 성도는 낙원에 있다가 부활하여 천국가는 것인데, 교리주의자들은 낙원을 부인하고 믿는 사람이 죽으면 천국갔다고 합니다. 그래서 예수의 재림 때에 첫째 부활이 없다하여 첫째 부활을 부인합니다. 첫째 부활이 요한계시록에 나오더라도 요한계시록을 계시록이라 하지 않고 묵시록이라 합니다. 요한 혼자만 본 묵시이므로 계시로 받아들일 수 없다는 것입니다."(베원, p.715)

"낙원과 아브라함의 품은 모두 믿는 자가 아버지 집에 가기 전에 머무는 곳입니다. 아브라함의 품이라고 부르는 이유는 예수이전까지 아브라함의 종이기 때문입니다. 아브라함을 아버지라고 부르는 자, 즉 종의 신분을 가진 자가 머무는 곳입니다. 아브라함의 품에는 믿음은 있으나 아직 죄에서 벗어나지 못한 자가 갑니다. 율법에서 해방된 것은 아닙니다. 아브라함의 자손은 율법과 선지자의 권함을 받고 하나님의 자녀는 복음을 믿는 자입니다. 아브라함의 품에 있는 자는 율법과 선지자에 속한 자이고 낙원은 복음으로 거듭난 자가 가는 곳입니다. 그리스도인은 낙원에 가있고 아브라함의 품에 있는 자는 심판에 끝난 후에 비로소 하늘나라에 속하게 됩니다."(베원, p.718)

"창세기 6:3에 인간이 세상에 머무는 연수의 한계를 120년이라 했습니다. 과거에는 사람들이 천 년 가까이 살았는데 노아 홍수 이후부터 사람의 수명이 줄어들었습니다. 곡식을 심으면 다 고르지 않고 위로 올라오는 것도 있고 내려가는 것도 있듯이 하나님이 인간의 연수를 120년이 하신 것은 평균수명이기에 다를 수도 있습니다. 어떤 곳은 더위와 영양부족으로 설흔네 살이 최장수인 곳도 있습니다. '엘리야가 죽을 병이 들매'라고 한 것은 늙어 죽는 것을 뜻하는 것으로 이는 자연수명을 말하는 것입니다."(마귀론 p.180)

"자기 수명을 다하고 갔다는 귀신은 없고 모두가 비운에 죽었다고 말합니다. 그들은 병이나 사고로 죽었거나 자살했거나 타살된 사람들입니다. 귀신들이 사람 몸에 들어와 있는 기간은 대략 1~2년에서 30년 가량입니다. 그러면 귀신들이 어디에 있었을까요? 사람의 수명은 보통 70-80세이나 120년을 최고로 하여 90-120년으로 자연수명을 잡을 수 있습니다. 예를 들어 갑의 자연수명이 90세인데 그가 50세에 병들어 죽었든 자살했든간에 비운에 사망했습니다. 그러면 90세에서 50세를 제한 나머지 40년간 귀신으로 활동할 수 있는 기간입니다. 이 귀신은 40년 간을 가족이나 친척 등으로 전전하면서 남은 자연수명 기간 동안을 사역하는 것입니다."(성서적 신학적 현상적 마귀론, p.226)

"귀신은 죽은 사람의 사후 존재임을 밝히지만 이때 자연사(自然死)했다는 사람의 이름을 대는 경우는 지난 사십오 년간 단 한 건도 보지 못했습니다. 모두가 병들어 죽었거나 사고를 당해 죽었거나 자살한 사람이라고 말했습니다. 그러므로 백 세 이상 되어 죽었다는 사람의 이름은 거의 나타나지 않았습니다."(귀신은 과연 존재하는가, p.81)

"사람의 자연수명을 일백이십 년으로 보았을 때, 죽은 사람이 살았을 때 사용한 나이를 제외한 나머지 기간 동안에는 귀신으로 활동하다 거의 그 자연 수명에 이르게 되면 그 후로는 자동적으로 무저갱에 들어갑니다. 무저갱은 영원한 심판의 날까지 갇혀서 도무지 나올 수 없는 곳입니다."(귀신은 과연 존재하는가, p.86)

김기동 목사의 귀신론은 이미 세간에 다 알려진 사실이며, 대부분의 사람들은 김기동 목사가 주장하는 귀신론으로 인해 이단으로 규정된 것으로 착각한다. 그러나 그의 귀신론을 제대로 이해하기 위해서는 귀신론과 관련된 그의 서적들을 전체적으로 살펴볼 필요가 있다. 처음 주장하던 것들과는 달리 시간이 지나면서 말을 바꾸기 때문이다.

지금까지 귀신론과 관련된 그의 책은 대략 10가지가 있다. 첫째 1985년에 발간된 〈마귀론〉이며 이 책 후미에서 귀신론을 다루고 있다. 그는 이 책에서 "예수를 모른다면 마귀를 모르고 마귀를 모른다면 예수를 모른다"라는 말을 남겼다.(1985년, 마귀론, p.14) 둘째는 1986년 〈귀신이란〉 책으로 오직 귀신론만 다루었고, 셋째는 1988년 〈마귀론〉을 수정 보완한 〈마귀란〉인데 여기에서는 종전과는 달리 귀신의 정체를 한국 표준어 사전의 정의를 근거로 주장하였다. 넷째는 1988년 〈성서적 신학적 현상적 마귀론〉인데, 자신의 귀신론이 학설과 이론에 불과하다고 했던 김기동은 이 책에서 자신의 귀신론이 성서적이며 현상적이란 말을 첨가했다. 다섯째는 〈사람에게 접근하는 영〉, 여섯째는 〈미혹의 영〉, 일곱째는 〈영혼을 그늘지게 하는 요소〉, 여덟째는 〈진리로 마귀를 대적하라〉, 아홉 번째는 〈내가 체험한 그리스도의 신유와 거룩한 이적〉이 있다.

김기동 목사는 2007년 〈귀신은 과연 존재하는가?〉라는 책을 발간에 이어, 1988년 〈성서적 신학적 현상적 마신론〉에 이어 2019년 〈내 영혼은 어디로 가나?)라는 귀신론의 최종본으로 내놓았다. 김기동은 자신이 귀신을 쫓아내는 것 때문에 한국교회부터 이단으로 정죄되었다고 말한다.

"나는 이 때문에 '이단'이니 '잘못되었다'느니 하는 여러 말로 정죄를 받고 무시하는 말로 인격 모독의 상처를 많이 받은 사람입니다."(귀신은 과연 존재하는가, p. 64)

"나는 기독교 일각에서 심한 박해도 받고 있는 사람입니다. 그러나 나에 대하여 도덕성이나 윤리적인 문제를 짚고 나온 사람은 박해자들 중에 단 한 사람도 없었습니다. 오직 귀신 쫓는 사람이라는 것만을 가지고 정죄하고 무시하고 경계하고 있다."(같은책, p.104)

그러나 김기동 목사가 한국의 거의 모든 정통교회로부터 이단으로 규정된 것은 단지 귀신론 때문이 아니라 위에서 열거한 비기독교적인 주장 때문이라는 것을 알게 되었을 것이다.

"귀신의 정체가 무엇인가에 대하여 어떤 이는 천사가 타락한 것이라고 하고, 어떤 이는 이렇게, 다른 이는 저렇게 말하나 나는 의견을 달리합니다. 귀신은 믿지 아니하는 자의 영혼, 즉 불신자의 '사후(死後) 존재'라고 정의합니다."(귀신은 과연 존재하는가, p.79)

김기동 목사는 다음과 같이 구원받은 자는 꿈에 나타나지 않는다고 주장한다.

"꿈에 나타나는 영혼(귀신)은 그가 생전에 불신자였을 때 믿지 아니한 사람의 모습으로 나타납니다. 교회에 착실히 다녔거나 신앙이 신실했던 자는 그의 가족의 꿈에 나타나지 않습니다. 이는 확실한 사실입니다. 구원받은 자는 낙원에 가기 때문에 그의 가족들은 꿈에서라도 보고 싶어 하지만 꿈에 나타나지 않습니다."(귀신은 과연 존재하는가, p.85)

김기동 목사는 처음에는 불신자의 사후 존재가 귀신이라고 하다가 나중에는 성경적인 것이 아니라 단지 자신의 주장일 뿐이라고 말했다. 이어서 자신의 주장은 절대적인 것이 아니지만(마귀론 상(上)), 학문 연구는 제한이 없어야 한다고 했다. 그러나 또 다른 책에서는 '성서는 신학보다 위에 있고, 신학은 무너지고 흐트러지나 성경은 영원하다'라고 했다.(성서적 신학적 현상적 마귀론, 1988) 김기동 목사는 귀신은 불신자의 사후 존재라는 것을 증명하기 위해 체험적으로 나타나는 각종 사례들을 열거했다. 그러한 주장은 이 분야의 고급 지식인으로의 충분한 자격이 있기 때문이며, 이것을 절대로 비웃으면 안 된다는 말도 했다. 귀신에 관한한 자신은 세계적인 지도자이며 또한 대형 교회 목사이자 대학 총장이기 때문에 자신의 주장이 옳다면서 이렇게 말한다.

"이 글을 읽으면서 비웃지 말라. 고급 지식인인 내가 이 말을 하는 것은, 내가 반세기 동안 집중적으로 연구한 문제이기에 그렇게 말할 능력과 자격이 있기 때문이다. 교만한 말을 하자면 내가 알기로 이 분야에서 나는 세계적인 사람이다. 나는 전 세계를 골고루 다니면서 영적 지도자들을 가르치는 사람이다. 지구를 팔십여 바퀴를 돌며 지도자들을 가르쳐 왔다. 현재 대한항공의 마일리지가 이를 증명해 준다. 나는 기독교회 목사로서 큰 교회의 목회자이며 대학 총장으로서, 수 백 권의 책을 저술한 사람으로서 도덕성이 있는 사람이다."(귀신은 과연 존재하는가, p.104)

김기동 목사는 귀신의 수명에 대해 다음과 같이 주장한다.

"창세기 6:3에 인간이 세상에 머무는 연수의 한계를 120년이라 했습니다. 곡식을 심으면 다 고르지 않고 위로 올라오는 것도 있고 내려가는 것도 있듯이 하나님이 인간의 연수를 120년이 하신 것은 평균수명이기에 다를 수도 있습니다. 어떤 곳은 더위와 영양부족으로 34살이 최장수인 곳도 있습니다."(마귀론 p.180)

"귀신은 죽은 사람의 사후 존재임을 밝히지만 이때 자연사(自然死) 했다는 사람의 이름을 대는 경우는 지난 45년간 단 한 건도 보지 못했습니다. 모두가 병들어 죽었거나 사고를 당해 죽었거나 자살한 사람이라고 말했습니다. 그러므로 백 세 이상 되어 죽었다는 사람의 이름은 거의 나타나지 않았습니다."(귀신은 과연 존재하는가, p.81)

"신자는 구원받았으므로 영은 깨끗합니다. 그렇지만 육체는 언젠가 죽습니다. 그런데 귀신은 머물러 있어야 할 육체가 없으니 다른 사람의 육체로 옮겨 들어갑니다. 그래서 다른 사람에게서 다시 그 병을 일으킵니다. 옛날에는 인간이 천 년 가까이 살았는데 노아 때부터 인간의 수명은 120년으로 제한되어 버렸습니다. 이는 예수 당시의 자연수명입니다. 불신자가 자연수명을 마치고 죽으면 무저갱으로 갑니다. 그러나 자연수명 대로 살지 못하고 죽으면 나머지 기간은 음부에 머물렀다가 마침내 무저갱으로 들어갑니다."(베원, p.285)

나사로는 병들어서 죽었지만 부자는 이 땅에서 연락하며 편안하게 살다가 만수(萬壽)를 누리고 죽어서 무저갱에 갔습니다. 불신자 중에서 만수로 자연사한 사람의 영혼은 무저갱에 들어갑니다. 그러나 자연수명을 다 누리지 못하고 죽은 불신자의 영혼은 귀신이 되어 세상에 머물게 됩니다. 만일 어떤 사람이 두 살에 죽었다면 그는 귀신으로 118년 정도 활동하게 됩니

다.(베원, p.286-287)

"나사로는 아브라함의 품속에 들어갔지만 부자는 죽어 음부에서 '아버지 아브라함이여, 내가 불꽃 가운데서 고민하나이다'하고 고통스러워 합니다. 부자는 '나는 불꽃 가운데서'라고 했습니다. 불못이 아니라 불꽃 가운데서 그가 괴로움을 당한다고 했습니다. 촛불의 가운데는 뜨겁지 않고 윗부분이 뜨겁습니다. 불꽃과 불못은 다른 것입니다. 불꽃은 불속이 아니라 불의 끝부분을 말합니다."(베원, p.287-288)

그의 주장에 따르면 나사로는 병들어 죽었지만, 부자는 이 땅에서 연락하며 편안하게 살다가 만수(萬壽)를 누리고 죽어서 무저갱에 갔다. 불신자중에 만수로 자연사한 사람의 영혼은 무저갱에 들어간다는 것이다. 부자가인간의 자연수명인 120살, 즉 만수(萬壽)를 누렸다는 성경의 근거가 있는가? 이런 해석은 자신의 주장을 뒷받침하기 위해 성경을 억지로 해석하는것이다.

김기동 목사는 1988년 자신의 귀신론은 성경이 명제적으로 밝히지 않은 것이라고 말했다. 또한 천사는 육체를 소유하지 않은 존재이므로 결코 귀신이 될 수 없으며, 마가복음 9:25의 벙어리 되고 귀먹은 귀신은 천사가 아니라 자연수명을 다 살지 못하고 죽은 귀먹고 벙어리였다고 말한다. 그는 자신의 귀신론과 관련하여 한국 교계가 서양 신학자들의 영향을 받아 능력을 상실했다고 말한다. 그러나 나중에 다시 말을 바꾸어 서구 신학자들도 불신자의 사후 존재를 귀신이라고 한다는 말로써 자신의 주장을 변호하는 모순을 보여준다.

"귀신의 정체에 대해 성경이 명제적으로 밝히지 않고 있다는 말은 사실

입니다."(1988년, 성서적 신학적 현상적 마귀론, p.213)

"사람들은 현대 서구 신학의 영향을 받아 귀신으로 말미암은 문제를 정신의학이나 심리학에서 취급하도록 넘겨 버렸고, 또 기독교가 이 문제를 다룰 필요가 없다고 말합니다."(마귀론 하, p.16)

24. 모든 병의 원인은 귀신이라는 김기동 목사

김기동 목사는 모든 질병의 원인은 귀신이라고 주장한다.(성서적 신학적 현상적 마귀론, p. 224) 사람의 몸속에 들어와 있는 바이러스나 박테리아를 움직여서 병이 들게 하는 결정적인 원인자가 바로 귀신이며, 귀신은 사람의 영혼과 육체의 중간인 신경계통에 거한다는 것이다. 또한 어린아이들의 귀신들림에 대해 다음과 같이 주장한다.

"유아에게는 의지가 없습니다. 그의 의지는 그 생모에게 있습니다. 어린 아이의 생에 관한 애착은 그 생모가 소유합니다. 따라서 생모의 의지 속에서 귀신을 추방할 때 어린 아이는 그 즉시 병고에서 해방됩니다. 유아라 함은 7-8세 이내를 말합니다. 그리고 8-9세부터 15세까지의 경우에는 그 생부에게서 귀신을 쫓아내야 합니다. 유아의 의지는 생부에게로 의지가 전환됩니다. 그 다음 16세부터는 완전히 의지가 독립되므로 자신의 의지로서 쫓아내야 할 것입니다."(성서적 신학적 현상적 마귀론, p. 228-229)

"귀신은 사람의 의지를 속이고 들어오기 때문에 7세 이하의 아이들은 의지가 어머니에게 있어 그 어머니 속에 있는 귀신을 쫓아내면 됩니다. 그러나 7세 넘은 아이들은 엄마에게서 의지가 벗어나 아버지에게로 옮겨갑니다. 이들의 의지가 엄마 속에 있을 때는 엄마를 무서워 하지만 엄마에게서 벗어나면 말을 잘 듣지 않고 아버지를 더 무서워하는 것입니다. 대략 8세부터 15세 까지의 의지는 아버지에게 속합니다. 그러나 그 때의 의지는 자기의 의지 절반, 아버지의 의지 절반입니다."(마귀론 중 116쪽)

"귀신은 사람의 영혼과 육체의 중간계통에 들어가 신경계통과 의지 속에 있게 됩니다. 귀신은 신경계통과 의지 속에 들어가기 때문에 동물 속에도 들어갈 수가 있습니다. 동물은 비인격체이기에 귀신이 인격적인 역사는 못하나 신경동작으로는 유도할 수 있습니다. 귀신은 신경이 통하는 곳이라면 어디에나 거처 할 수가 있는 것입니다."(마귀론 하 173쪽)

"예를 들어 발가락 끝에 신경이 있다면 귀신은 그곳에 고통이 있게 하며 그곳을 사역할 수 있는 장소로 삼습니다. 이 신경계통을 의식 또는 마음이라고도 합니다."(마귀론 중 110쪽)

김기동 목사는 귀신론과 관련하여 7세 이하의 어린이에게는 의지가 엄마에게 있으므로 귀신이 그의 어머니의 의지로 들어오고, 8-15세의 어린이는 의지가 아버지에게 있으므로 귀신이 아버지의 의지에 들어온다는 것이다. 귀신이 영혼과 육체의 중간인 신경계통에 들어온다면서 아버지의 의지에 들어온다는 말은 무슨 말인가? 또한 그는 모든 병의 원인이 귀신이라고 주장하면서 디모데의 병에 대해 언급한 사도 바울의 말을 언급하면서 약을 먹는 문제에 대해 이렇게 말한다.

"성경을 읽는 많은 사람들이 바울이 디모데에게 자주 나는 병을 인하여 포도주를 조금씩 쓰라는 기록에 지나치게 집착되어 병의 원인은 귀신이라는 말에 회의적입니다. 그러나 이는 교습받는 일꾼으로서 아직 영적 경험이 미숙한 디모데가 그의 지병을 처리하기에 미약했던 것을 말한 것입니다."(베원, p.235)

"모든 병의 원인이 귀신이라면 약을 먹고도 병이 낫는데 약이 귀신을 추방하는 것인가라는 질문이 생깁니다. 약은 병을 완치시킨다기보다는 예방하는 것입니다. 귀신은 사람의 육체에 붙어서 병균을 가져오고, 또 계속 파송합니다. 귀신이 사람의 몸에서 떠난 다음, 병균만으로는 인체 내에서 스스로 견디기가 힘들게 되어 얼마간의 시간이 흐르면 병균은 모두 사멸되고 맙니다. 병균을 보내는 원인은 영입니다."(베원, p.236)

"나도 건강을 위하여 병원에 가거나 때로는 소화제를 복용하기도 합니다. 건강에 대한 여러 가지 정보도 얻고 또한 지도받기도 합니다. 이는 내가 밥을 먹으면서 찬을 곁들여 먹는 것과 같은 것입니다."(귀신은 과연 존재하는가, p.52)

"암 덩어리는 수술하여 제거하고 암의 원인은 예수의 능력으로 추방한다면 재발 없이 완전해질 것입니다."(귀신은 과연 존재하는가, p.53)

김기동 목사는 귀신들의 기를 꺾는 것은 기도가 아니라 성도의 헌신이라고 말한다. 성도가 기도하는 것은 하나님을 섬기는 것이 아니며, 여기에 헌신이 빠지면 귀신의 기를 꺾을 수 없다는 것이다.

"헌신은 귀신이 속일 수 없는 실상이므로 귀신은 헌신하는 자들 앞에서는 거의 절망적입니다. 철저히 하나님께 순종하고 감사하며 그가 명령하신 섬기는 도리를 다하십시오. 그리하면 귀신은 자기의 모든 것을 포기할 것입니다. 그러므로 은혜를 받고 하나님의 뜻대로 그의 계명을 지키며 열심히 신앙생활하는 자들에게서는 귀신들이 활동을 더 하지 못하고 조용히 잠복하거나 견딜 수 없어서 스스로 떠납니다. 하나님의 뜻대로 하나님을 섬기는 생활을 하는 것은 늘 귀신을 제어하는 일입니다. 인색하지 말고 주를 섬기는 기쁨이 충만하면 귀신도 하나님의 사랑받는 자를 두려워합니다."(귀신은 과연 존재하는가, p.188-189)

그의 주장에 따르면 귀신은 다음과 같은 통로를 따라 들어온다고 한다. ① 충격을 통해서 ② 부정적 관념을 통해서 ③ 혈기를 통해서 ④ 담배연기를 통해서 ⑤ 내성적인 성격을 통해서 ⑥ 자포자기하는 마음을 통해서 ⑦ 불신자의 죽음을 슬퍼할 때 ⑧ 제사를 지낼 때 ⑨감짝 놀랄 때.

또한 다음과 같은 자가적 진단을 통해 귀신이 들어왔는지를 진단할 수 있다고 한다. ① 유전병 ② 왕신단지 섬기는 집에 살면서 우환이 끊임없이 계속될 때 ③ 차멀미나 배멀미를 하는 것 ④ 어두운 곳이나 골목에 들어설 때 머리칼이 쭈뼛할 때 ⑤점치러 다니거나 무당을 불러 푸닥거리하는 것 ⑥ 죽고 싶다는 좌절감을 갖게 될 때 ⑦ 앉거나 설 때 갑자기 어지러울 때이다. 또한 질병 뿐 만 아니라 모든 사고의 원인도 귀신이며, 무엇을 잘 잃어버리는 것, 자주 화재를 당하는 것, ⑧ 매를 맞는 아내 속에 귀신이 있기 때문에 아내 속에 있는 귀신을 쫓으면 남편이 안 때린다고 한다. 또한 도둑질하는 것도 귀신의 역사이며, 연탄가스를 마시게 하는 것도 귀신이라고 한다. 김기동은 귀신을 쫓는 방법도 가르친다. 성락교회가 발간한 〈신유기도의 길잡이〉란 책의 내용을 보면 축사할 때 주의해야 할 사항들에 대해서 다음과 같이 설명한다.

"1. 목사가 묻는 말은 당신에게 묻는 말이 아니고 귀신에게 묻는 말이니 혼돈하지 마시고 당신의 의지로 대답하지 마시오. 귀신이 대답할 때는 큰소리로 시원스럽게 대답하는 것이 좋습니다. 답답하게 얌전빼지 마십시오. 울고 싶을 때는 속이 후련하도록 하소연 하면서 실컷 우십시오. 정신이 아찔하며 주저앉거나 쓰러지는 순간에 귀신은 나가는 것입니다. 안 쓰러지려고 노력하지 마십시오. 이때 쫓겨 나가는 귀신을 자신들이 볼 수도 있습니다. 목사의 눈은 당신에게 붙은 귀신을 볼 수 있습니다. 명찰을 달고 죽은 귀신은 심지어 이름까지도 볼 수 있습니다.

2. 더러운 귀신, 귀신은 더럽다. 심방 갔다가 집이 더러우면 집 청소해 주라. 귀신은 잔인하게 다뤄라. 만물의 찌꺼기다. 똥 같은 귀신아, 꾸짖을 수 있다. 잔인하게 욕설로 소리쳐라. 귀신은 저주해서 꾸짖어서 내어 쫓는 것이다. 귀신 쫓아내려면 욕 잘하는 은사 도움 받으라 '이놈', '쌍년', 목사가 경건치 못하다고 만류하면 귀신 못 쫓는다.

3. 귀신을 미워하며 저주하고 추방하라. 귀신은 인격을 가지고 있기에 자기를 미워하고 저주하면 싫어한다. 귀신이 나가는 속도와 미워하고 저주하는 분량과는 정비례한다. 그 귀신이 아무리 부모나 친척이나 남편, 아내, 자식이라 해도 관계하지 말고 추방해야 한다. 환자와 귀신의 의식을 분리시켜라. 귀신도 인격적 존재이니 의식이 있다. 마음을 평안이 하여 환자의 의식을 아래로 가라 앉히고 귀신의 의식은 위로 떠 올리게 한다. 즉, 자기 의식을 밑으로 가라 앉히는 방법은 다음과 같다.

①환자로 하여금 귀신을 미워하게 함으로서 귀신의 의식을 위로 밀어 올리고
②심호흡을 해서 무심한 상태로 들어가서 자신의 의식을 가라 앉히고 긴장을 풀게 하며
③환자로 하여금 축사자의 말에 신경 쓰지 않게 하고
④주위에 누가 있던지 도무지 의식하지 않게 한다.
⑤환자가 귀신을 미워하는 정도에 따라 귀신이 나가는 시간이 단축된다.

4. 예수의 이름으로 귀신을 나가라고 명령하라! 당신의 머리에 손을 얹고 명령하라 '예수의 이름으로 명하노니 더러운 귀신아 내몸에서 나가라! 나가라! 힘있게 외치라! 하나님이 함께 역사하신다. 이때 귀신의 의식이 눈을 통하여 나타나면 환자의 눈동자는 고정되고, 깜박거리지 않으며, 동공이 커진다. 이 때 축사자는 귀신을 꾸짖고 정체를 밝힐 수 있다. 예수께서도 축

사하실 때 더러운 귀신을 꾸짖고 잠잠하게 하신 후 나가라고 명하셨다."

1) 귀신 축사 간증사례('주일신문'에서 발췌)

(사례 1) "낙원 간 줄 알았던 남편 귀신으로 드러나"- 김○순

"신앙생활한지 28년 정도 되었으니 강산이 3번은 변했을 오랜 기간 동안 저는 그리스도인으로 살았습니다. 그러나 제가 주님께서 인정하시는 참 성도다운 삶을 살게 된 것은 그리 오래 되지 않았습니다. 핑계같지만 전에는 제가 벌어서 가족들의 생계를 책임져야 하는 집안사정으로 인해 직장생활을 하다 보니 신앙생활은 엉망이었습니다. 말씀대로 믿는 신앙이 중요하다는 것을 알기에 바쁜 와중에도 성경교육의 단계를 차근차근 밟아나갔지만 오히려 그 외의 것들은 제대로 챙기지 못했습니다. 주일성수를 범할 때도 많았으니 말 다한거죠.

그러다 보니 사는 게 형통치 않았고, 시댁과의 갈등도 심각해졌습니다. 아마 시부모님과는 20년이 넘게 마음을 닫고 왕래가 없이 살았던 거 같습니다. 내 삶은 왜이리 고단한가를 고민할 때마다 '땅에서 풀려야 하늘에서도 풀린다'는 말씀이 떠올라 마음이 불편했지만 시부모님을 향한 마음 속 원망과 미움은 이미 나 스스로 해결할 수 없는 단계까지 와 있었습니다.

상황이 이렇다 보니 나와 내 가족들이 처한 환경은 답답하기 이를 데 없었습니다. 신앙생활을 한다면서도 하나님의 도움을 전혀 받지 못했습니다. 어느날 돌아본 나는 영혼이 그늘지고 무뎌져 영적 갈급함조차 느끼지 못하는 종교인에 다름아니었습니다. 지금도 감사한 것은 내 영적 상황과 환경을 바꾸고자하는 마음은 있으나 실천할 힘도 없는 내게 하나님께서 영혼현상

연구소를 알게 하셨다는 것입니다.

평소 잘 알고 지내던 한 집사님의 안내로 영혼현상연구소를 처음으로 찾게 되었고 이후 주중에 1~2회씩 방문해 축사에 관한 교육을 받거나 축사를 받았습니다. 영혼현상연구소에서 전 김기동 목사님의 저서인 「성서적 신학적 현상적 마귀론」을 중심으로 교육과 상담을 받았습니다. 그리고 축사도 받았습니다. 이렇게 꾸준한 축사생활을 시작하자 내 모습이 점점 변해갔습니다. 전에는 주일예배를 드려도 기쁨이 없었고, 주님을 향한 열정도 없었습니다. 그런데 축사 후부터는 예배를 드리면 기쁨과 감사가 넘쳤고 주님께 대한 사랑이 내 마음을 가득 채웠습니다. 전에는 성경을 읽어도 1~2장을 넘기기 어려웠습니다. 그것도 지루해하며 읽었죠. 그런데 이제는 왜 하나님의 말씀이 꿀송이처럼 달다고 하는지 깊이 공감할 수 있을 성도로 성경 읽는 일이 즐겁고 쉽습니다.

어느날 성경을 상고하는 중에 깊은 회개가 터진 적이 있었는데 이후 저는 주님과 더욱 친밀해졌습니다. 또 다른 변화는 기도하지 않으면 살 수 없게 되었다는 점입니다. 예전에는 기도를 하더라도 하나님께서 내 기도를 들으시기는 하는 걸까하는 의문에 종종 사로잡혔었는데 이제는 기도 중에 나와 함께 하시는 하나님을 선명하게 느낄 수 있으니 어찌 기도를 쉬겠습니까?

한번은 영혼현상연구소에서 축사를 받는데 구원 받아 낙원에 가 있는 줄만 알았던 남편이 귀신이 되어 드러났습니다. 교회를 다녔고 예수를 영접했다고 생각했었기에 귀신이 되어 드러난 남편은 내게 엄청난 충격이었습니다. 사실 가끔 꿈에 한번씩 보이기는 했어도 '설마 귀신이 됐겠어?'라며 인정하지 않았던 것입니다. 내게서 드러난 남편귀신은 시댁 식구들과 나를 이간했고 물질이 들어오는 길을 막았다고 털어놓았습니다. 귀신이 밝힌 대로 나는 시어머니와 사이가 무척 나빴고, 시댁과 관계가 멀어지면서 물질적으로도 고통을 받아왔습니다. 그런데 이 귀신이 내게서 궁극적으로 바랐던 일이 뭔지 아십니까? 내게 물질의 어려움을 주어 직장생활을 하게 하고 그로 인해 신앙생활을 못하도록 방해했다는 것입니다. 이렇듯 귀신은 성도들의 육체에 들어와 환경을 방해하고 결국 영적생활을 못하게 해 주님과의 관계를 끊어놓으려 합니다. 예수 이름으로 귀신을 쫓은 후 놀랍게도 오랫동안 소원했던 시부모님과 관계가 원만히 회복되었습니다. 할렐루야! 앞으로 내 영혼과 내 삶에 더욱 큰 복과 형통을 주실 하나님께 모든 영광 돌립니다."(출처: 주일신문 제841호)

(사례 2) "사춘기 아들의 방황, 혈압약 끊자 혈압수치 정상으로 회복"-민○필

"우연찮은 기회로 참석하게 된 남성목장예배가 내 신앙생활의 또 다른 전환점이 되었다. 그날은 마침 「마귀론」(김기동 목사 著)을 읽은 후 목장식구들끼리 서로 축사를 해주는 형태로 예배가 진행되었다. 당시 나는 사춘기에 접어든 아들 때문에 심적 고통을 겪고 있던 중이었다. 말 그대로 질풍노도의 시기를 지나고 있던 우리 아들은 학교 등교 후에도 공부하기가 싫어지면 교실에서 빠져나와 학교 근처의 교회 기도실에서 실컷 잠을 자고 오곤 했다.

그때마다 선생님은 집으로 전화를 걸어 아이의 행방을 묻곤 했는데 그런 횟수가 잦아지자 나는 아이의 학교에서 전화가 걸려올 때마다 가슴이 덜컥 내려앉곤 했다. 학교생활에 적응 못하는 아들에 대한 염려로 인해 많은 시간을 기도에 할애하면서도 내 마음은 늘 그늘져 있었다. 어릴 때부터 교회를 다녔던지라 우리 아들은 여느 아이들처럼 세상 즐거움에 취해 지내지는 않았다.

그러나 교회 안에서도 방황하기는 마찬가지였다. 어느 날 학교 선생님이 아이의 학교출석일수가 모자라 고등학교 진학이 어렵다는 연락을 해왔다. 안 그래도 아이 생각만 하면 마음이 답답하고 왠지 불안했는데 올 것이 왔구나 싶었다. 이후 아이를 설득도 하고 뜻을 다 받아 주기도 하고 과외선생님도 붙여주는 등 안간힘을 썼지만 이렇다 할 결과는 볼 수 없었다.

나는 바로 그러한 상황에서 남성목장예배를 참석했던 것이다. 그날 「마귀론」을 읽으면서 내 자녀의 문제가 영적인 원인에서 비롯되었다는 사실을 깨닫게 되었다. 그동안 마음 깊은 곳에서 '우리 애는 왜 이렇게 속을 썩이나? 왜 다른 아이들 같지 않을까?' 하는 아이에 대한 원망과 불만이 있었는데 이러한 영적인 사실을 알고 보니 오히려 회개가 나왔다. 그동안 돈을 벌기 위해서 사업장에 마음을 쏟느라 자녀의 영혼을 진정 돌아보지 못한 내 모습이 발견되었던 것이다.

"예수여!" 하고 몇 차례 간절히 부르짖은 후 축사자로부터 축사를 받기 시작했다. 그런데 갑자기 창자가 끊어지는 듯한 고통이 아랫배에 엄습해 들어왔다. 그 고통이 어찌나 심한 지 축사자가 손을 살짝 얹었는데도 나는 그 자리에서 쓰러지듯 누워버렸다. 난데없는 상황에 나도 놀랐지만 이 모습을 옆에서 지켜보던 남편은 더 큰 충격을 받은 듯 했다. 모범적으로 교회활동을 해왔으나 귀신이 소리 지르며 드러나는 영적인 현장은 그날 처음 목격한 것이었다. 더욱이 가장 가까운 아내에게서 귀신이라는 영적 존재의 실체가 생생히 드러나니 놀라지 않을 수 없었을 것이다.

축사자가 내게서 귀신을 쫓을 때 손이 마구 흔들렸다. 그러다 마치 신들린 사람처럼 온몸을 흔들어댔다. 평상시의 내 모습을 생각할 때는 도저히 상상도 할 수 없는 모습이 표출된 것이다. 축사자가 귀신에게 정체를 물으니 자신은 생전에 무당이었다고 토설했다. 귀신의 이같은 고백은 어렸을 때부터 교회를 다니며 무슨 일이 있어도 주일만은 꼭 지켰던 내게 큰 충격으로 다가왔다. 예수 믿은 지 수십 년이 된 내게 어떻게 무당귀신이 숨어들어와 있었는지, 당황스럽고 받아들이기도 쉽지 않았다. 그런데 그 무당귀신은 자신이 우리 아들을 방황하게 했다고 털어놓았다.

무당 귀신을 쫓아 낸 이후 아이의 방황은 조금씩 줄어들기 시작했다. 학교 결석이나 조퇴 횟수도 줄었고 집보다는 밖으로 나돌던 아이의 귀가 발걸음도 빨라졌다. 고등학교 진학도 어렵다던 우리 아이는 현재 고등학교에 진학해 열심히 공부하고 있다. 하루는 귀신을 쫓으니 돌아가신 시어머니가 드러났다. 놀라운 것은 비록 병중이긴 했지만 시어머니는 생전에 전도되어 나와 함께 교회를 다녔다는 것이다.

임종 때도 곁을 지켜드리며 끝까지 신앙을 지킬 수 있도록 도왔는데 결과는 그리되어 나타난 것이다. 아마도 시어머니는 병도 들고, 가족들의 부탁을 거절할 수도 없어 형식적으로 교회에 다닌 것 같았다. 시어머니 귀신이 예수 이름으로 쫓겨나간 후 남편은 정신이 번쩍 든다며 앞으로 영적생활 제대로 해야겠다고 각오했다. 시어머니는 혈압으로 돌아가셨는데 귀신을 쫓은 후 나는 7년간 먹은 혈압약을 완전히 끊을 수 있었다.

더구나 혈압약을 먹으면서도 늘 혈압수치가 높았는데 귀신을 쫓고 약을 끊은 후에는 오히려 혈압이 정상으로 회복됐다. 그리스도인은 합법적으로 하나님의 능력을 소유한 자다. 그럼에도 많은 신앙인들이 예수 이름의 능력을 사용하지 않아 원수에게 속고 무능한 생활을 하고 있는 것이다. 나의 사례를 통해 많은 신앙인들이 귀신을 쫓고 마귀를 대적하는 영적 전투에 적극 나서며, 승리하기를 바란다. 그러할 때 자녀 문제와 질병의 문제를 비롯한

인생의 제반 문제들이 해결될 것이다."(출처 : 주일신문 제759호)

2) 자신이 앓고 있는 당뇨병은 귀신들림에서 제외된다는 김기동 목사

"예수 믿으면 자기 병은 없어집니다. 예수께서 저주를 담당하셨으므로 그를 믿으면 자기 병은 없습니다. 아픈 것은 남의 병을 가지고 살기 때문입니다. 사람이 하나님 앞에 범죄하면 그 영이 죗값을 치러야 하는데 죗값은 '죽음'과 '저주'인에 죽음은 예수가 짊어지셨으나 저주는 자기 영이 짊어져야 합니다. 이것이 밖으로 표출되어 질병과 가난과 형통치 못함 등으로 나타납니다."(베원, p.284)

김기동 목사는 모든 질병의 원인이 귀신이라고 주장한다. 그린 그가 1984년 7월 서울시 중랑구 면목에 있는 〈베데스다 병원〉을 인수하였다. 이것은 병의 원인이 귀신이라고 주장하는 그의 주장과 다른 행보라고 볼 수 있다. 병의 원인이 귀신이라고 주장하는 김기동 목사는 진작 자신이 당뇨병에 걸리자 그것은 귀신들린 것이 아니라 몸이 탈진했기 때문이라는 것이다. 그는 토론토 성락교회 홈페이지에 〈시무언의 당뇨교실〉이란 글을 연재하였는데, 지금은 이 글이 홈페이지에서 삭제되었지만 당시 저장해 두었던 글 중에서 한 개만 소개한다.

"나는 서른세 살 때까지 체중이 63kg이었다가 갑자기 몸이 불어나 83kg이 됐다. 그러므로 식욕도 왕성하고 배짱도 있는 듯싶어서 별로 신경을 쓰지 않았더니 어느 날 의사 앞에 섰을 때 혈당이 무려 480mg/dl나 된다 하여 크게 놀라면서 내게 경고를 하였다. 그래도 나는 소화가 잘 되면 건강한 것이라고 생각하고 살았다가 마침내 의사가 경고한 대로 합병증으로 실명이 되었고(75%), 심장은 반듯이 누워 잘 수가 없을 만큼 부어오르고 혈압도 평균 180mmHg 이상이었다. 88올림픽이 있던 해엔 주일 설교 직후 세 번이나 졸도한 적도 있고, 나는 하루에 아홉 번이나 설교한 탓에 피곤하여 그런 것이라고만 생각했지 원인이 당뇨라는 것을 별로 인식하지 못했다. 그 후십 년간은 실명이 되어 고생을 했다. 이때에 의사는 심장마비나 만에 하나교통사고를 당하기라고 할 때에는 지혈이 되지 않아 치명적일 수 있다고 경고했다. 이때로부터 나는 당뇨와의 전쟁을 치르느라 부단한 노력을 하였다."

의사는 절대로 스트레스를 받지 말라고 하였지만 목회가 스트레스를 받을 수밖에 없는 직분인지라 사실상 내겐 불가능하다고 했다. 목회와 선교와 저술과 학교 일과 아카데미 일과 집회와 교회당 건축 등등 수많은 일거리가 산적할 때도 오히려 나는 그중 어느 하나 소홀히 하지 않으려고 그야말로 목숨을 다했다. 내가 세상을 갑자기 떠나게 되더라도 내가 교인들의 가정을 일일이 심방하지는 못하지만 휘호를 써서라도 그것으로 심방하리라 하고 일만 삼천여 가정에 써 주었다.

그러나 그 큰 글씨마저 잘 볼 수가 없어서 매우 힘이 들었지만 밤이든 낮이든 모든 시간을 아껴 가면서 내게 주어진 일을 하느라 초인적이었다. 마침내 신장마저 병들어(90%) 투석을 준비하게 되었다. 그럴지라도 최후의 순간까지 내가 할 일을 하여야 한다는 사명감에 내 머리와 내 마음에 있는 아는 것들을 책으로 써 놓지 않으면 어느 순간에 내 몸과 함께 땅에 묻혀 버리고 말 것이라는 초조감에 한 달에 무려 네 권의 책을 썼다. 이는 실력이 있어서가 아니라 내 육체 안에 있는 모든 것을 속히 다 짜내려는 의도였다. 그만큼 내 상태는 심각했고 돌이킬 수 없는 지경에 이르렀지만 해외 일정뿐 아니라 내가 해야 할 모든 것을 수정하지 않았다. 내가 주님 앞에 갑자기 가게 될지도 모를 상황을 맞더라도 내 도리를 다하기 위하여 내 손에 있는 물질도 아낌없이 드렸다. 그것을 현재 시가로 모두 계산한다면 수백억 원이 될 성싶다. 그리고 나는 은퇴 퇴직금도 없다고 선언하기까지 했다.

그러나 최후의 순간까지 이 몸을 다 헌신하리라는 즐거운 마음에 성령이 충만하다. 세상 사람 열 명 중 하나는 당뇨환자라 한다. 당뇨환자는 식욕도 좋고 불편하진 않지만 그로 인한 합병증이 무섭다. 잘못하면 갑자기 폐인이 될 수밖에 없는 위험에 처한다. 내가 당뇨를 다지게 된 것은 벌써 33년 전이다. 그러나 나는 이를 무시하고 대처하지 않았다가 큰 코를 다치게 한 것이다. 내가 46세 때에 일본 의사로부터 내 신체의 기능이 84세의 노인이라는 진단을 받았고, 54세 때에는 세브란스 병원에서 92세 노인의 건강 치수라는 진단을 받았다. 그러면서도 나는 캐나다에 유학을 갔었다. 의사가 내 무릎을 고무 망치로 힘껏 쳐도 신경 전달이 되지 않을 만큼 의학적으로는 절망적이었지만 그때 나는 매일 한 시간 이상 두 시간씩 속보의 새벽 운동을 하고 있었다.

현재까지 비가 억수같이 쏟아지는 날 외에는 하루도 거르지 않고 운동을 계속한다. 함께 운동 나와 주는 이들이 있을 때는 즐겁고 혼자뿐일 때는 고독하고 지루하지만 '이것이 보약이다.'라고 생각하고 운동을 계속한다. 4층 정도면 가급적 계단을 걸어 올라가고 할 수만 있으면 많이 걷는다. 이때에 내 입안에서는 '보약, 보약'이라고 하면서 걷는다. 회복이 절대 불가능하다는 시력은 2001년 1월에 11개월 동안의 사력을 다한 기도를 드렸더니 주님께서 주일 설교 중에 눈을 뜨게 해 주셨다(90% 회복). 지난 4월엔 신장 치료를 위해 투석을 준비하려고 가톨릭의대 병원에 입원했다가 2003년도부터 투석을 해야 한다는 악화된 신장이 정상이라는 판정을 받았다. 의학적으론 회복이 불가능하다는 시력과 신장이 회복됐다는 것이다. 그 무렵 일산 국립 암센터에서 종합 검사 중 진단서 판정 결과, 내 나이 70세인데 건강 치수는 60세라고 찍혀 나왔다.

의사도 말하기를 "선생님 같으신 분은 매우 보기 드문 일입니다."라고 했다. 내가 사는 길을 내가 스스로 찾지 않으면 안 된다. '당뇨병에 특효다. 성인병에 좋다.'는 식의 광고나 선전에 속아서는 안 된다. 현재 지구상에는 당뇨병을 치료할 수 있는 의료약이 전무하다. 계속 연구할 뿐이다. 오직 예방 치료를 할 뿐이다. 그러므로 의사도 본인이요 약도 본인이다. 자신의 의지만이 치료의 약이요 고치는 의사요 보약이다. 그러나 약을 부정하면 안 된다. 약은 음식이다. 미처 보충하지 못한 영양을 보충하는 것이니 사용하는 것도 유익하다. 그러나 약도 독약 중 하나라는 것을 명심해야 한다. 나는 첫째로 하나님 앞에서 참 신앙의 고백을 하였다. 억지로서가 아니라 참으로 "내가 병원에 가서 몸을 의사에게 맡기면서도 의학적인 상식으로써 눈은 세상에서 고칠 수가 없습니다. 그리고 신장도 절대 고칠 수가 없습니다. 더구나 당뇨는 절대로 고칠 수가 없습니다. 그러므로 오직 주님만이 내 몸에 손을 얹어 주소서."라는 참 기도를 쉬지 않았다.

당뇨가 있는 자들의 큰 유혹은 자신은 당뇨병자라는 생각이다. 병이기에 혹 나을 수도 있고 치료할 의사와 약이 있는 줄로 여기는 것이다. 그러므로 당뇨에 좋다는 약이 많으나 모두가 속고 쓰는 것이다. 다시 말하거니와 당뇨는 치료가 현재로선 불가능하다. 왜냐하면 당뇨는 병이 아니라 불구이기 때문이다. 불구는 고칠 수가 없고 신체를 보완하는 수밖에 없으니 이는 자신만이 해결할 수 있는 비법인 것이다. 의지뿐이다. 의지가 약한 사람은 자살할 것이고 의지가 강한 사람은 소생할 것이다. 나는 체중을 줄이기로 하고 철저히 노력했다. 마침내 63㎏을 회복했다. 이를 유지하기 위하여 저녁을 오후 5시 이후로는 먹지 않든지 물만 먹었다. 그리하여 청년 시절의 건강을 회복한 것이라 생각한다. 마침내 혈압은 100~110㎜ Hg으로 떨어졌다. 당뇨는 불구이다. 손이 없으면 의수를 하고 다리가 없으면 의족을 하듯이 췌장이 불구이다.

그러므로 운동으로 보충을 한다. 누구나 내 건강을 염려하는 이들이 한 결같이 "식사는 하루 세 끼 꼭꼭 챙겨드세요."라고 한다. 그것이 유혹이고 독약이었다. 그러므로 혈당이 심히 올라 있으면서도, 그리고 시장하지도 않으면서도 때가 되어 식사를 하기 때문에 혈당은 계속 떨어지지 않고 있었다. 나는 할 수만 있으면 혈당 체크를 하루에도 여러 차례 한다. 그리하여 혈당이 떨어져 있지 않으면 식사 시간을 두세 시간씩 미룬다. 그러나 항상 아침은 정상으로 맛있게 먹고 점심은 12시든 1시든 3시든 아예 시장하지 않으면 점심을 연기한다. 점심과 저녁 식사 불규칙이 곧 보약이었다. 혈당이 떨어지지 않았으면 그 칼로리 자체가 뱃속에 들어 있는 음식이다. 그러므로 음식이 뱃속에 잔뜩 들어 있는 데도 계속 더 넣는 것은 독약이다. 뱃속에 들어 있는 음식(곧 칼로리)이 다 소화가 된 다음에 다음 식사를 해야 약이다. 그리고 할 수 있는 한 저녁은 뱃속을 비워 두고 잔다.

마침내 내 건강은 십 년은 젊었고 청년이 된 기분이다. 이제 나는 누가 점심을 먹든 저녁을 먹든 내 식사 시간이 아니다. 내 뱃속이 비어 있어 심히 시장기가 느껴지면 식사하고 그렇지 않으면 참고 간다. 혈당이 떨어졌다고 해서 초콜릿 같은 것으로 당장에 보충하는 방식도 이젠 하지 않는다. 그때 적은 양의 식사를 하면 된다. 나는 당뇨라는 불구자이다. 조금은 불편하지만 즐겁다. 때 없이 내 몸이 필요할 때에 식사할 수 있어서 즐겁다. 식사에 매이지 않아서 자유롭다. 아파트 계단 5층은 걸어 다니고 가급적 종일 걷는다. 내 혈당은 항상 100에서 130㎎/dl을 유지하고 있다."(토론토 성락교회 홈페이지 발췌)

모든 병의 원인은 귀신이라고 가르쳤던 그가 자신이 병에 걸리니까 당뇨병 퇴치 방법을 글로 남긴 것이다. 이것이야 말로 내로남불의 극치가 아닐까?

25. 베뢰아의 구원론

"예수는 인간이 죄를 지었기 때문에 비로소 죽게 되신 분이 아닙니다. 예수는 인간이 타락하기 전, 창세 전에 이미 죽기로 작정되신 분입니다. 예수의 죽음은 선악과를 먹기 이전에 이미 작정되었습니다. 아담의 죽음보다 예수의 죽음이 먼저 작정되었고 인류는 예수 안에서 다시 태어나기로 예정되었습니다. 하나님은 전지하시고 전능하십니다. 아담이 선악을 알게 하는 실과를 모르고 계시다가 먹은 후에야 허겁지겁 이 땅에 오신 것이 아닙니다. 예수는 이 땅에 서서 죽음과 부활을 경험하시기로 만세 전에 작정되었는데 그를 위한 도구로 지음 받은 인간도 그와 같은 경로를 걷게 되었습니다."(베원, p. 425-426)

예수께서 십자가 죽음의 길을 가셔야 했던 것은 인류의 죄를 대속하기 위함이다. 이것은 성경의 가르침이며, 하나님의 교회가 받아들이는 보편적 진리이다. 이러한 명백한 대답이 성경에 있는데도 불구하고 김기동 목사는 예수의 죽음의 이유를 추론을 바탕으로 해석하였다. 즉 예수의 죽으심은 그가 스스로 성부 하나님 앞에서 겸손함을 취하기 위해 선택한 방식이었다는 것이다.

예장통합측이 김기동 목사를 이단에서 해제를 시도했던 것은 그의 사상이 총체적으로 담겨 있는 〈베뢰아 원강〉을 세밀하게 분석하지 못했기 때문이다. 2016년부터 성락교회 개혁측을 이끌고 있는 윤준호는 2016년 예장통합측에 제출한 베뢰아 이단해제 신청 관련서류에서 〈베뢰아 원강〉의 심각한 이단을 감추고, "지엽적인 문제", "동의하지 않으며", "설교하지 않으며", "더 이상 가르치지 않으며" 등등 구차한 변명을 늘어 놓았다.

 "김기동 목사님도 이단 해제를 원하십니다. 다만 이단해제의 과정이나 방법이나 내용이나 범위에 있어서, 베뢰아 사람의 신앙과 신학을 훼손하지 않고 거룩한 자존심을 지킬 수 있는 정당한 이단 해제를 원하시는 것입니다. 그 결과 이단 해제에 대해 어느 선까지 양보할 수 있는가에 대해서도 김 목사님과 감독님, 그리고 실무자인 저라는 존재 사이에 입장의 차이가 엄연히 존재합니다. 문제의 핵심은 양에 있지 않고 질에 있는 것이었습니다. 김기동 목사님과 저 사이에 존재하는 차이는 작전상의 전략/전술 차원의 차이이거나, 설명 상의 투박/세련 차원의 차이인 경우가 많으며, 그것도 김 목사님 쪽으로 상당 부분 좁혀질 수 있는 성격의 것들이었습니다. 베뢰아가 그분의 신학인데, 당연히 제 입장이 주가 될 수는 없는 것 아니겠습니까? 이런 사항들에 대해 제가 이단해제 문건들에서 선택한 표현은 다음과 같은 것들이었습니다: "저(김성현 감독)는 다른 것을 더 강조하고 있습니다." "저는 그런 지엽적인 문제는 포기하고…" "저는 그 점에 대해서는 동의하지 않습니다." "저는 그런 것은 설교하지 않고 있습니다." "제가 목회를 한 이후에는 더 이상 교회 내에서 가르쳐지고 있지 않습니다." 등등. 이런 내용들은 사실이었고, 김성현 감독님의 최종독회 후에 제출되었습니다."(윤준호, 왕따와 뚜벅이 블로그, 2017.1.30. https://m.blog.naver.com/jhyoon1962/220922659831)

26. 베뢰아의 '선악과'에 대한 해석

하나님은 왜 아담이 선악과를 먹을 줄 알았으면서 에덴동산 중앙에 선악과를 두셨는가? 처음부터 선악과가 없었더라면 타락하지 않았을 것이 아닌가? 이러한 질문은 합리적인 질문이다. 어쩌면 이 질문은 기독교 신앙의 가장 핵심적인 질문인지도 모른다. 죄의 기원과 인간의 자유의지, 하나님의 예정에 대한 질문은 우리가 마땅히 던져야 하는 질문이다. 이와 같은 맥락에서 만일 하나님이 이러한 아담이 선악을 알게 하는 나무의 열매를 먹는 일련의 과정을 모르셨다면 전능한 하나님이 아닐 것이다. 하나님은 선악과를 먹는 아담을 저지하지 않으셨으며, 하늘에서 천사장의 반역을 막지 못하셨는가?

하나님은 전지전능하셔서 모든 것을 아시고, 모든 것을 하나님의 뜻대로 이루신다. 그가 창세 전에 세우신 뜻에서부터 에덴동산, 그리고 새 하늘과 새 땅까지 하나님의 뜻과 계획은 아무런 차질 없이 진행될 것이다. 우주와 만물은 하나님께서 우연히 창조한 것이 아니라 만세 전부터 그분의 완전한 뜻과 계획 가운데 창조된 것이다.

(시 40:26) 너희는 눈을 높이 들어 누가 이 모든 것을 창조하였나 보라 주께서는 수효대로 만상을 이끌어 내시고 각각 그 이름을 부르시나니 그의 권세가 크고 그의 능력이 강하므로 하나도 빠짐이 없느니라

하나님은 우주와 만물을 창조하실 때 수효를 미리 정하셨고, 그 정하신

수효대로 창조하셨다. 그러므로 우주와 그 안에 있는 만물은 하나님의 완벽한 계획대로 하나도 빠짐없이 창조된 것들이다. 만물 가운데 인간은 하나님의 형상을 따라 지음받은 존재로써, 인간의 지정의(知情意)로 느끼고 생각하여 결정한 후에 행동으로 옮길 수 있는 하나님을 닮은 독립적인 존재이다. 이러한 인간의 독립성은 절대적이지 못하며 상대적일 뿐만 아니라 피조물로서 창조주 하나님께 의존하지 않으면 안 되는 존재로 지음 받았다. 선악과는 이러한 하나님과 인간과의 관계를 보여주는 표징이다. 인간은 하나님을 닮았지만 하나님같이 완전하지 않고, 동물을 닮았지만 동물 같지 않은 존재다. 인간은 타율적인 다른 피조물과 달리 자율적인 존재이다.

김기동 목사의 주장처럼 선악과는 마귀를 유인하기 위함도 아니며, 인간의 순종 여부를 알아보기 위함도 아니고, 예수의 죽음과 부활을 위한 것도 아니다. 하나님께서 선악과를 아담에게 금지하신 이유는 아담에게 부여하신 자유의지가 하나님과 같이 절대적인 것이 아니라 상대적인 것임을 깨닫게 하시는 것이었다. 아담은 선악과를 통해 자신의 정체성을 깨닫고, 자신이 피조물임을 알게 되었다. 따라서 선악과는 인간에게 형벌과 저주로 가는 장애물이 아니라 하나님의 무한한 복을 누릴 수 있는 은혜의 표징이다. 그러나 뱀의 유혹을 받은 아담은 하나님께서 주신 자유의지를 가지고 유혹을 선택했고, 마침내 하나님과 원수가 되고 죄의 노예로 전락하여 필연적으로 죽을 수밖에 없는 형벌이 따르게 되었다.

"사람들은 선악과의 선은 착한 것이고 악은 죄라 생각합니다. 그러나 선은 부활과 생명을 말하고, 악은 저주와 죽음을 말합니다. 그러므로 선악은 생(生)과 사(死)를 말합니다. 선악과는 생과 사를 알게 하는 나무의 열매입니다. 하나님은 아담과 하와가 선악과를 먹자 우리 중 하나같이 되었다고 말씀하셨습니다. 이것은 예수께서 먼저 선악을 아는 일을 경험하실 것을 말씀하는 것입니다. 선악과를 인간이 먹으니까 하나님이 '너희도 선악과를 먹으므로 우리 중 하나같이 되었다'고 했습니다. 이것은 죽음과 부활을 경험하실 예수 그리스도처럼 되었다는 말입니다. 선과 악은 부활과 사망을 말합니다. 선악을 알게 하는 실과를 먹을 때는 하나님께서 그대로 두셨다가 먹은 후에는 즉시 생명나무의 길을 막고 에덴동산에서 내쫓으셨습니다."(베원, p. 430-432)

김기동 목사는 선(good)은 부활과 생명이고, 악(evil)은 저주와 죽음이라고 말한다. 그러나 성경은 선과 악이 서로 다투는 둘 사이의 세력으로 보지 않는다. 즉 어느 때는 선이 승리하고 어느 때는 악이 승리하는 것이 아니며, 팽팽한 긴장으로 존재하지 않는다. 성경은 이러한 이원론(dualism)을 철저하게 배격한다. 성경은 인간이 추구해야 할 궁극적인 선이 있는데, 그것은 하나님의 절대적이며 영원히 무너지지 않는 선이다. 선(good)의 기준은 하나님의 본성에 관한 것으로, 하나님의 완벽한 본성은 영원하고 불변하기 때문에 그 어떤 도덕적 기준과 비교될 수 없다. 그러나 이원론자들은 선과 악의 세력 사이에 균형이 존재한다고 믿으며, 하나님과 사탄을 서로 대립적인 존재로 이해한다.

또 선과 악을 불교의 인과응보(因果應報)와 같은 논리로 이해하는 자도 있다. 즉 어떤 행위의 선악에 대한 결과를 나중에 받게 된다는(죄값을 치른다는) 개념으로 이해한다. 악은 업보가 되어 윤회의 고리에서 죄에 따라 내생의 외모나 고난 등이 결정되고, 현생에서 쌓은 선은 인과응보에 따라 해탈에 이를 수도 있다는 것이다. 그러나 이것은 창세기에서 다루는 선과 악의 개념이 아니다.

선(善)과 악(惡)을 한자로 풀이하여 선은 착한 것, 악은 나쁜 것으로 보는 것은 마치 김기동 목사가 선을 생명과 부활로, 악을 저주와 죽음으로 보는 것과 같다. 하나님은 만물을 창조하시고 "보시기에 좋았라"라고 하셨다. 이때 "좋았다"라는 히브리어 단어는 토브(towb)인데, 이것은 '아름다운'(beautiful)이란 뜻으로, pleasant(즐거운), agreeable(마음에 드는), good(선한)이란 뜻을 가지고 있다. 따라서 선(善)은 하나님의 기쁨과 뜻에 부합되는 것을 말하며, 악(惡)은 그와 반대의 것이다. 하나님은 선악과를 먹은 아담은 선이 무엇이며, 악이 무엇인지 아는 존재가 되었면서 '우리 중 하나같이 되었다'("Now that the man has become like one of us)라고 하셨다.

김기동 목사는 창세기 3:22에 나오는 '우리 중 하나같이 되었다'라는 말을 선악과를 먹은 아담이 성부와 성자와 성부 하나님 셋 중 죽음과 부활을 경험하신 성자 예수처럼 되었다고 해석한다. 그러나 여기서 말하는 "우리"는 삼위일체의 하나님을 의미한다. 하나님께서는 아담을 창조하실 때 "우리의 형상으로 우리의 모양에 따라 사람을 만들고"라고 말씀하셨다. 따라서 "우리"란 말이 삼위일체의 하나님이란 것은 논쟁의 여지가 없으다. 창세기 3:22에서 사용된 "우리 중 하나 같이"라는 말은 다른 성경 구절에서도 찾을 수 있다.

(삿 17:11) 그 레위 사람이 그 사람과 함께 거하는 것을 만족스러워하였으며 그 청년이 그에게 그의 아들들 중의 하나같이 되었더라

(삼하 13:13) 오라버니로 말하건대 오라버니는 이스라엘 안에서 어리석은 자들 중의 하나같이 되리이다

(시 82:7) 너희는 사람들같이 죽을 것이요 통치자들 중의 하나같이 넘어지리로다

하나님께서 "우리 중의 하나같이"라고 하신 말씀은 김기동 목사의 주장처럼 "우리" 중 특정한 위(person)가 아니라 삼위일체 하나님 전체를 지칭한다. 아담은 범죄 한 후에 벗은 것을 두려워 하여 무화과 나무잎으로 치마를 엮어 몸을 가렸다. 선악과를 먹기 전에 그들은 "벗음"이 하나님 앞에서 부끄럽거나 두려움의 근거가 아니었다.

(창 3:1–5) 여호와 하나님의 지으신 들짐승 중에 뱀이 가장 간교하더라 뱀이 여자에게 물어 가로되 하나님이 참으로 너희 더러 동산 모든 나무의 실과를 먹지 말라 하시더냐 여자가 뱀에게 말하되 동산 나무의 실과를 우리가 먹을 수 있으나 동산 중앙에 있는 나무의 실과는 하나님의 말씀에 너희는 먹지도 말고 만지지도 말라 너희가 죽을까 하노라 하셨느니라 뱀이 여자에게 이르되 너희가 결코 죽지 아니하리라 너희가 그것을 먹는 날에는 너희 눈이 밝아 하나님과 같이 되어 선악을 알줄을 하나님이 아심이니라

아담과 하와는 선악과를 먹으면 죽으리라는 하나님의 명령이 무엇을 의미하는지 몰랐다. 또한 그들은 선악과를 먹는 대가가 얼마나 혹독한 고통을 가져올 것인지도 몰랐다. 그들은 단지 선악과를 제외한 다른 나무의 열매는 먹어도 된다는 것을 지적(知的)으로 인식하고 있었을 뿐이다. 그러나 그들은 먹지 말라는 하나님의 명령을 거역하고 신속하게 뱀의 편에 섰다. 먹으면 죽을 것이란 말씀을 알고 있었지만 죽음이 얼마나 비참하고 슬픈 것인지 알지 못했기 때문이다.

뱀의 말처럼 선악과를 먹은 아담과 하와는 현장에서 죽지 않았으며, 먹으면 반드시 죽을 것이라고 하셨던 하나님의 입장만 난처해졌다. 적어도 창세기 5장에서 인간에게 죽음이 오기 전까지 그들은 하나님을 의심하였다. 하나님은 선악과를 먹게 한 뱀을 땅과 함께 저주하셨다. 그러나 아담과 하와는 저주 대신 죽음과 고통이 주어졌으며, 아담과 하와가 받은 고통은 각

각 다르게 나타난다. 하와에게는 임신과 출산의 고통이 더해졌고, 아담에게는 평생 땀이 흘려야 식물을 먹고 다시 흙으로 돌아가야 하는 결과를 초래했다. 그들은 그제서야 악(惡)이 구체적으로 무엇을 의미하는지 깨닫게 되었다.

"만약에 인간이 타락하지 않았더라면 예수께서는 에덴동산에서 선악을 아는 일이 생기기 전에 오직 선한 양심만 가진 인간 속에서 계시다가 사람처럼 수명을 다 하여 죽으면 하나님이 데려가셨을 것입니다. 그러나 사람이 죽었기 때문에 하나님이 사람을 불쌍히 여기시고 사랑하사 자기 아들을 내주셨다는 것입니다."(김기동, 천국은 침노다, 2019.3.20.)

과연 김기동 목사의 주장처럼 선악과는 마귀를 합법적으로 심판하기 위한 유혹의 도구였을까? 인간은 예수의 죽음의 길을 예비하기 위한 도구나 존재가 아니다. 인간은 하나님의 형상을 따라 하나님의 사랑을 받기 위해 지음 받은 우주 안의 유일한 존재이다. 이와 같이 인간이 하나님의 사랑의 너(you)였기에 독생자를 아낌없이 내어 주셨으며, 창세 전에 그리스도 안에서 영원한 생명을 예비해 놓으셨다. 그러므로 누구든지 예수를 구주로 영접하는 자는 영생복락을 누리게 된다. 모든 피조물 가운데 오직 인간만이 하나님의 사랑의 대상으로 지음을 받았다.

그러나 김기동 목사에게 있어서 인간은 범죄한 천사, 곧 마귀를 박멸하기 위한 수단 혹은 도구이자, 예수가 죽음과 부활을 경험하기 위한 초석이다. 그러나 하나님의 형상대로 지음받은 인간은 마귀를 박멸하거나 예수의 죽음의 길에 동원된 수단으로서의 존재가 아니다. 인간은 지음을 받을 때도, 그리고 지금도 여전히 하나님의 계명에 복종할 수 있고 거역하여 악을 택할 수도 있다. 하나님은 인간에게 자유의지를 주셔서 자유로운 선택을 통해 하나님을 사랑하거나 거역할 수 있게 하셨다. 그러므로 모든 선택의 책임은 전적으로 인간에게 달려 있다.

하나님께서 인간에게 선악과를 주심은 인간이 하나님을 닮은 영광된 피조물임을 보여준다. 오직 인간에게만 자유의지를 주셔서 자율적 선택을 하게 하셨다. 하나님은 그 어떤 피조물에게도 이런 영광을 부여하지 않으셨다. 그래서 하나님은 강제가 아닌 인간의 자유의지로 하나님을 사랑하길 바라신다. 따라서 인간은 창조의 면류관이며, 선악과는 영광의 면류관이라 할 수 있다. 만일 에덴동산에 선악과가 없었더라면 아담은 하나님의 존재와 그 실체를 알 수 없었을 것이다.

사람들은 하나님이 아담이 타락할 것을 미리 알고 계셨다면 왜 아담이 죄짓는 것을 막지 않으셨느냐고 묻는다. 이러한 질문은 하나님의 속성과 인간 존재의 본질을 모르는데서 나오는 질문이다. 하나님께서는 인간의 생각과 행동을 인간의 자유의지의 영역 속에 두시고 창조하셨기 때문에 안 막으신 것이 아니라 못 막으신 것이다. 하나님은 지옥을 선택하고 그곳을 향해 가고 있는 인간을 막지 못하신다. 돌아오라고 부르실 수는 있어도 인간의 마음을 억지로 돌이키지 않으신다. 이렇게 하나님은 전능하실지라도 인간이 결정한 것을 막지 못하신다. 인간이 집단적으로 하나님을 향해 대적하거나 등을 돌리면 하나님은 속수무책이다. 이것은 그가 무능해서가 아니며, 힘이 부족해서도 아니다. 하나님은 인간을 홍수로 진멸하실 수는 있어도 인간의 의지를 원대로 바꾸지 못하신다. 인간이 하나님을 믿지 않으려고 마음먹으면 하나님은 그 생각과 마음을 결코 바꾸지 못하시는 것이다.

창세 전에 하나님은 예수 그리스도 안에서 그의 거룩한 자녀들을 예정하셨다. 이것이 하나님을 두려움 가운데 섬기고 믿는 무리들, 즉 교회이다. 인간을 향한 구원의 계획은 태초부터 이미 마련되어 있었다. 아담이 선악을 알게 하는 나무의 열매를 먹는 것을 아셨기 때문이다. 만일 모르셨다면 하나님의 속성과 대치되는 모순이 생긴다. 만일 하나님께서 창세 전에 인간에 대한 구원의 계획이 없었더라면 결단코 인간의 타락을 처음부터 허용하지 않으셨을 것이다.

(골 1:15-17) 그는 보이지 아니하시는 하나님의 형상이요 모든 창조물보다 먼저 나신 자니 만물이 그에게 창조되되 하늘과 땅에서 보이는 것들과 보이지 않는 것들과 혹은 보좌들이나 주관들이나 정사들이나 권세들이나 만물이 다 그로 말미암고 그를 위하여 창조되었고 또한 그가 만물보다 먼저 계시고 만물이 그 안에 함께 섰느니라

하나님은 잠시동안 타락한 인간을 사탄의 수중에 놓아두셨다. 그러나 하나님의 스케줄 속에서 때가 차면 예수를 세상에 보내셔서 구원하실 때까지 죄의 종으로 놓아두신 것이다. 마침내 때가 차매 아들을 이 세상에 보내셨고, 죄와 사망의 노예가 되어 있던 인간을 십자가의 피로 구원하셨다. 그러므로 예수의 죽으심과 부활하심은 사망 속에서 방황하는 인간에게 복된 소식이다. 우리가 믿고 전하는 복음은 오직 예수의 죽음과 부활이어야 한다.

27. 베뢰아의 '우편 보좌'에 대한 해석

"하나님은 아들이 보좌에 오르실 때를 위해서 하늘에 천사들을 창조하여 아들을 수종 들게 하셨습니다.(히 1:6-7) 천사는 맏아들이 하늘로 올리우실 때 그를 영접하고 환영하고 수종 드는 자입니다. 천사들이 하늘에 있다는 것은 맏아들이 보좌에 올라오실 때 그를 섬기기 위해서입니다. 하나님의 아들이 우편보좌에 오르시기 전에 하늘에서 하나님의 영광과 이름을 섬기던 자가 천사입니다. ... 하늘을 창조하기 전 하나님 아버지와 아들이 함께 계실 때, 하나님이 스스로 계실 때는 천사가 필요없었습니다. 하나님이 천사를 만드신 것은 아들을 위해 아들을 섬기라고 만드셨습니다."(베원, p.217)

"하나님은 하늘이 없어도 스스로 자존하셨으나 하늘은 어느 날 아들을 위해 아들로 말미암아 창조되었습니다. 하늘에 우편 하늘이 별도로 있거나 좌편 하늘이 별도로 있는 것이 아닙니다. 우편이라는 것은 가장 사랑하는 오른편이라는 말입니다. 하나님은 하늘을 자신의 우편에 두신 것입니다. 아버지 품속에 계신 아들이 이 보좌에 앉으시려면 아버지 품속에서 나와서 하늘로 들어가야 합니다. 하늘에서 나와서 하늘로 들어가시는 것이 아니라 아버지 품속에서 독생하시어 하늘에 오셔서 상속하시는 것입니다. 아버지 품속에서 독생하신 자가 하늘보좌에 오르실 때는 피조계의 주인으로 들어가셔야 합니다. ... 이와 같이 아들이 아버지 품속에서 나오셔서 하늘에 들어가시기 위해 십자가에서 죽으시고 부활하신 후 비로소 보좌 우편에 가셨습니다."(베원, p.485)

"하늘은 영원전에 창조하셨으나 아들이 보좌에 앉으심은 2천 년 전의 일입니다. 영원전에 하신 일이 계속 진행되어 마침내 2천 년 전에 보좌에 오르신 것입니다. 2천 년이면 하나님께는 엊그제와 같습니다. 이와 같이 아들이 아버지 품속에서 나오셔서 하늘에 들어가시기 위해 십자가에서 죽으시고 부활하신 후 비로소 보좌 우편에 가셨습니다."(베원, p. 485)

김기동은 예수님의 마지막 종착지가 하나님의 우편 보좌라고 말한다. 예수는 아버지 품속에서 나와서 2천 년 전 아버지가 아들을 위해 만든 우편 보좌에 직접 들어가지 않고 겸손함을 보이고자 죽음과 부활을 경험하고 그 자리에 앉으셨다는 것이다. 부활하신 예수님이 "하나님의 우편"에 앉으셨다는 것은 성경을 가르침이다. 좀더 자세히 말하면 예수는 "하나님 보좌 우편"에 앉으셨다. 그렇다면 왜 하나님이신 예수님은 "하나님의 보좌"에 앉지 않으시고 하나님의 보좌 우편에 앉으셨는가?

"우편 보좌"는 예수님의 신분과 직분과 관련된 신학적인 용어이다. 모든 피조물은 하나님 보좌 앞에 서서 예배하는 존재들이지만 예수님은 피조물이 아니시기에 하나님 앞에 서 계시는 분이 아니며, 물론 하나님을 섬기지도 않으신다. 그는 예배를 받으시는 하나님이시다. 성경에 언급된 '하나님의 우편'은 전쟁에서 승리한 자의 자리(출 15:6)이며, 원수들을 심판하는 자리(애 2:4, 합 2:16)이고, 작정한 바를 이루기 위하여 사역하는 자리(사 41:13, 62:8)이며, 의인을 구원하는 자리(시 17:7; 98:1, 사 139:10)이다.

(시 110:1) 여호와께서 내 주에게 말씀하시기를 내가 네 원수들로 네 발판이 되게 하기까지 너는 내 오른쪽에 앉아 있으라 하셨도다

(수 10:22-24) 그 왕들을 여호수아에게로 끌어내매 여호수아가 이스라엘 모든 사람을

부르고 자기와 함께 갔던 군장들에게 이르되 가까이 와서 이 왕들의 목을 발로 밟으라 가까이 와서 그들의 목을 밟으매

(시 110:6-7) 주의 오른쪽에 계신 주께서(예수께서) 그의 노하시는 날에 왕들을 쳐서 깨뜨리실 것이라 뭇 나라를 심판하여 시체로 가득하게 하시고 여러 나라의 머리를 쳐서 깨뜨리시며 길가의 시냇물을 마시므로 그의 머리를 드시리로다

하나님이신 예수님은 영원히 하나님의 우편에 앉아 계시는 것이 아니며, 원수들로 발판이 되게 하기까지만 하나님의 우편에 앉아 계신다. 전쟁에 참여한 왕은 적들이 멸절될 때까지 보좌에 앉지 않으며, 원수의 목을 발로 밟을 때까지 싸운다. 부활하신 예수께서 "하나님의 보좌"에 앉지 않으시고 "우편 보좌"에 앉으신 이유는 아직 그 분의 사역이 남아 있기 때문이다. 성자 예수님은 창세 전에 예정하신 뜻을 완전히 마칠 때까지 하나님의 오른쪽에서 원수들과 싸우신다.

(계 19:11-16) 백마와 그것을 탄 자가 있으니 그 이름은 충신과 진실이라 그가 공의로 심판하며 싸우더라 그 눈은 불꽃같고 그 머리에는 많은 관들이 있고 또 이름 쓴 것 하나가 있으니 자기밖에 아는 자가 없고 또 그가 피 뿌린 옷을 입었는데 그 이름은 하나님의 말씀이라 칭하더라 하늘에 있는 군대들이 희고 깨끗한 세마포 옷을 입고 백마를 타고 그를 따르더라 그의 입에서 예리한 검이 나오니 그것으로 만국을 치겠고 친히 그들을 철장으로 다스리며 또 친히 하나님 곧 전능하신 이의 맹렬한 진노의 포도주 틀을 밟겠고 그 옷과 그 다리에 이름을 쓴 것이 있으니 만왕의 왕이요 만주의 주라 하였더라

요한계시록에 기록된 것처럼 장차 예수님은 두루마리를 취하셔야 하고 (계 5:7), 일곱 인을 떼셔야 하며(계 6:1), 재림하셔야 하고(살전 4:16), 양과 염소를 나누셔야 하며(마 25:32), 공의로 심판하셔야 하고(계 19:11-16), 심

판을 하셔야 하며(계 20:11), 어린 양의 혼인 잔치를 베푸셔야 한다(계 21:2). 그 일을 모두 완성하실 때까지 예수님은 "하나님의 보좌"에 앉지 않으신다.

> **(계 22:1-3)** 그가 수정같이 맑은 생명수의 강을 내게 보이니 하나님과 및 어린 양의 보좌로부터 나와서… 다시 저주가 없으며 하나님과 그 어린 양의 보좌가 그 가운데에 있으리니 그의 종들이 그를 섬기며

여기에서 "하나님과 및 그 어린 양의 보좌"는 "하나님의 보좌와 우편에 있는 예수님의 보좌"를 말하는 것이 아니다. "보좌"라고 번역된 헬라어는 단수이며, 보좌를 받는 관사도 단수이다. 만일 보좌가 둘이라면 성부의 보좌와 어린 양의 보좌가 각각 하나씩 있는 게 아니라 하나의 보좌만이 있다는 말이 된다. 그런데 "보좌"를 수식하는 "하나님과 어린 양의"라는 구절은 헬라어에서 둘 다 소유격이다. 즉 그 보좌를 소유하신 자는 성부와 성자이시며, 성부와 성자께서 하나님 보좌의 주인으로써 함께 앉으신다. 성부와 성자는 위(位, person)로는 둘이지만 체(體, body)는 하나이기 때문이다.

> **(계 22:3-4)** 다시 저주가 없으며 하나님과 그 어린 양의 보좌가 그 가운데 있으리니 그의 종들이 그를 섬기며 그의 얼굴을 볼 터이요 그의 이름도 저희 이마에 있으리라

"그의 종들"에 있는 "그"와 "그를 섬기며"에 있는 "그," 그리고 "그의 얼굴"에 있는 "그"와 "그의 이름"에 있는 "그"는 모두 단수이다. 즉, 한 보좌에 앉으신 분은 성부와 성자 둘이지만 그들을 지칭하는 인칭대명사는 단수이다. 그 이유는 성부와 성자는 피조물의 예배를 받는 한 분 하나님이시기 때문이다. 이렇게 요한계시록 22:1, 3은 하나님께서 한 보좌에 예수님과 함께 앉으신 모습을 보여준다. 만일 예수님이 하나님이 아니시라면 한 보좌에 앉으실 수 없다. 아버지의 품 속에서 나오신 성자께서는 다시 성부의 품 속

으로 들어가사 삼위일체의 완벽한 연합 속에서 피조물들의 예배를 받고 계시는 것이다.

[개역한글] 나와 아버지는 하나이니라(요한복음 10:30)

[NKJV] I and My Father are one.

[ESV] I and the Father are one.

[NASB] I and the Father are one.

[NET Bible] The Father and I are one.

28. 베뢰아의 계시론

김기동 목사는 신구약 성경에 대해 다음과 같이 주장한다.

"신약성경은 구약성경보다 더 권위가 있는 책입니다. 구약은 진리가 아니요 신약만이 진리입니다. 오늘날 기독교는 교리 중심이다 보니 인간구원만을 목적으로 하게 되어 결국 인본주의가 됩니다. 그러므로 우리는 오직 신약성경으로만 돌아가야 합니다."(베원, p.468)

"성경에는 구약과 신약이 있습니다. 그런데 어느 것이 더 위대합니까? 신약성경입니다. 구약성경은 신약성경의 조상이 아닙니다. 신약성경은 구약성경보다 더 권위 있는 책입니다. 구약은 진리가 아니요 신약만이 진리입니다. 그러므로 우리는 오직 신약성경으로 돌아가야 합니다."(베원, p.466~468)

"하나님의 경륜 가운데서 이루어진 율법을 성경이라 합니다. 하나님이 인간에게 계시하기 위해서 고의적으로 기록한 것을 율법이라 합니다. 쉽게 말하면 하나님이 직접 돌판에다 쓰셨죠. 구약에서는 모세오경이라 하지요. 모세가 고의적으로 성경을 위해서 기록했지요. 그러나 어... 냉정하게 율법은 성경이라 말하고 신약에서는 예수님의 생애를 기록한 공관복음을 가리켜 성경이라 할 수 있습니다. 그리고 그 외는 성경이라 말하지 않고... 예를 들어 욥기나 또는 열왕기 역대기 다니엘서 등의 책이 있는데 욥기로 말하면 하나의 어떤 가정의 이야기인데 이 가정의 이야기를 통해서 율법을 시인

해주는, 증거해 주는, 보호해 주는 글을 가리켜 성서라고 합니다. 어느 역사 이야기를 기록했는데 그 역사 이야기가 내용 중에 다분히 율법을 지지하는 면이 있을 때 이는 거룩한 글이 될 수 있어요. 그러니까 오늘날 설교집이나 간증집 이런 것들은 수백 년 후에는 성서적 가치를 지니고 있을 수 있어요. 지금도 이런 소리하면 욕먹으니까 못해요. 설교집, 간증집들도 성서와 같은 수준에 도달할 수 있어. 여러분의 설교도 마찬가지요. 그들의 증거와 글이 성경을 지지하는 내용이 있는 글은 성서라고 합니다. 신약에 있어서 사도행전이나 또는 기타 편지들이 증인들에 의해서 그 예수님의 생애를 지지하고 시인하는 다분한 내용이 들어있는데 이를 성서라고 합니다. 그러니까 성경은, 일방적으로 계시한 뜻을 성경이라 하고, 성서는 증인들이 시인하고 지지하는 것을 성서라고 합니다. 우리는 지도자니까 바로 알고 있어야 합니다. 계시와 증거를 혼돈하고 있어요. 우리는 알고 해야 합니다. 성경이라는 부분에서 구약에서는 율법, 신약에서 예수님의 생애는 영원히 가감할 수 없어요. 그러나 성서는 얼마든지 가감할 수 있고 책을 늘려갈 수 있습니다. 줄일 수도 있습니다. 더 많이 책이 추가 될 수 도 있습니다. 그러나 성경은 가감할 수 없는 절대적인 부분을 말합니다. 그러나 성서는 가감할 수 있습니다. ... 인간들이 신앙으로써 증거한 것이니까. 이 책을 볼 때 성서가 주인일까요. 성경이 주인일까요. 성서라 하면 성경을 격하시킨 것입니다."(베아 9기 강의, No.24-1)

"성경을 달리 성서라고도 말하지만, 하나님으로부터 계시된 가감되지 않은 말씀을 성경이라 합니다. 그리고 제자들을 통해서 간접으로 하나님에 대해 소개받은 거룩한 글들을 성서라고 합니다."(베원 p.50)

"물론 성경은 모두 성령의 감동된 자들에 의해 기록되었지만, 하나님으로부터 직접 계시된 율법과 예수의 생애와 그분의 입으로 가르치신 말씀은 성경으로, 하나님께 은혜받은 사람들의 간증 등은 성서로 나눌 수 있습니다. 성경은 절대로 가감된 것이 아니지만, 성서는 그렇지 않습니다."(베뢰아 강의, 16.4)

"성경은 모본이고 성서는 참고할 만한 것으로 성경에 버금가는 것입니다."(베뢰아 강의, 21.3)

"성경은 계시를 적은 것이요, 성서는 하나님의 영에 감동된 자들이 자기의 신앙을 하나님께 고백한 것입니다."(베뢰아 강의, 15.8)

구약성경이 기초적인 것이라면, 신약성경은 그 기초 위에 세워진 하나님의 계시이다. 우리가 하나님을 안다는 것은 단순히 하나님의 속성이나 이름을 아는 것이 아니라 그 하나님을 아는 지식으로 우리의 가치관과 삶이 변화되어지는 전인격적인 앎을 의미한다. 하나님께서 성경을 기록하게 하신 목적은 단순한 역사적 기록이 아니라 하나님 자신을 드러내심으로써 그가 창조주이시며 주권자이심을 발견케 하려 하심이다.

김기동 목사가 주장하는 신약과 구약의 상관관계는 역사적으로 초대교회 시대의 이단으로 정죄된 말시온(Marcion)의 주장과 흡사하다. 말시온은 신약성경은 구약성경보다 더 권위가 있기 때문에 신약성경 안에 있는 모든 구약적 요소들을 제거해야 한다고 주장하면서 구약을 배척하였다. 말시온은 로마의 영지주의자 세르도(Cerdo)의 영향을 받아 로마 교회의 가르침과는 다른 교리들을 전파하다가 로마 교회에서 파문당하였다. 말시온의 이단 사상은 기본적으로 그의 잘못된 신관(神觀)에서 비롯되었다. 그는 구약의 하나님과 신약의 하나님은 조화될 수 없는 별개의 존재라고 믿었다.

그러나 구약보다 신약이 위대하다고 말하면 신약은 성경으로서의 존재 가치를 상실하고 만다. 왜냐하면 신약성경의 3분의 1 정도가 구약성경을 직간접적으로 인용하고 있기 때문이다. 구약성경을 자주 인용하는 신약성경의 증거를 보면 신약성경을 이해하는데 구약성경은 필수불가결의 조건임을 알 수 있다. 신약성경과 구약성경은 두 개의 다른 언약이 하나의 밀접한 관계를 갖는 통일된 신학으로 구성된 동일한 계시이다. 특히 구약성경에는 300여 개의 메시아 예언이 존재하는데 이 예언들은 모두 그리스도의 탄생, 사역, 죽음들을 예언적인 형태로 보여주고 있다.

구약성경이 그리스도의 오심을 예언한 것이면 신약성경은 그리스도의 오심과 그 이후 그분의 사역과 그 구속으로 말미암은 결과를 보여준다. 이런 점진적 관계 속에서 구약과 신약의 관계를 이해하는 것이 신구약성경에 대한 옳은 시각이다. 만일 신약성경이 없다면 구약성경은 미완성의 책이 되고, 구약성경이 없다면 신약성경은 무미건조한 것이 되고 만다. 구약성경은 장차 이 세상에 오실 메시아에 대한 예언뿐 아니라 그러한 메시아가 오시기 이전에 하나님께서 자신을 계시하신 책이다. 따라서 성경을 제대로 이해하고 해석하려면 성경을 성경으로 해석하는, 즉 성경적 근거를 가지고 해석하는 것이 가장 좋은 방법이다.

구약성경과 신약성경을 김기동 목사와 같은 시각으로 보면 엉뚱한 결과를 초래할 뿐만 아니라 하나님께서 우리에게 주신 성경을 오해하고 곡해하게 된다. 따라서 우리는 항상 성경의 통일성과 유기성을 염두에 두고 구약성경을 대해야 한다. 그러므로 구약은 진리가 아니요 신약만이 진리라는 김기동 목사의 말은 비뚤어진 성경관이라 할 수있다.

(습 1:2-6) 여호와께서 가라사대 내가 지면에서 모든 것을 진멸하리라 내가 사람과 짐

승을 진멸하고 공중의 새와 바다의 고기와 거치게 하는 것과 악인들을 아울러 진멸할 것이라 내가 사람을 지면에서 멸절하리라 나 여호와의 말이니라 내가 유다와 예루살렘 모든 거민 위에 손을 펴서 바알의 남아 있는 것을 그곳에서 멸절하며 그마림이란 이름과 제사장들을 아울러 멸절하며 무릇 지붕에서 하늘의 일월성신에게 경배하는 자와 경배하며 여호와께 맹세하면서 말감을 가리켜 맹세하는 자와 여호와를 배반하고 좇지 아니한 자와 여호와를 찾지도 아니하며 구하지도 아니한 자를 멸절하리라

29. 베뢰아의 후사론(상속자론)

(히 1:2-3) 이 모든 날 마지막에 아들로 우리에게 말씀하셨으니 이 아들을 만유의 후사로 세우시고 또 저로 말미암아 모든 세계를 지으셨느니라 이는 하나님의 영광의 광채시요 그 본체의 형상이시라 그의 능력의 말씀으로 만물을 붙드시며 죄를 정결케 하는 일을 하시고 높은 곳에 계신 위엄의 우편에 앉으셨느니라

김기동 목사는 위 본문을 가지고 소위 "후사론"이란 용어를 만들어 냈다. 즉 하나님은 영원 전에 아들을 위하여 하나님의 우편 보좌를 만드셨는데, 예수는 아버지께서 자기를 위하여 만든 하늘 보좌에 들어갈 때 직접 들어갈 수도 있었지만 하나님과 동등됨을 취할 것으로 생각하지 않고 자신을 겸손히 낮추어 종의 형체를 가져 인간의 모양으로 나타나셨고, 죽음과 부활을 경험하고 들어가시려고 작정했다는 것이다.

성자 예수께서 영원 전에 작정된 길을 걸어가는 데 있어 인간의 역할은 예수가 죽음과 부활을 경험할 수단으로 창조되었으며, 만물 또한 이러한 예수의 길을 위해 지음을 받았다고 한다. 예수의 죽음과 부활은 아담의 죄와는 별개의 것이라는 것이다. 인간의 구원이란 다만 예수가 죽음과 부활의 길을 걸어가는 과정에서 수단으로 이용한 인간에게 베푼 선물에 불과하다는 것이 김기동 목사의 주장이다. 이것이 베뢰아의 하나님의 의도 중, 제일의(第一義), 또는 '후사론'의 요지이며 베뢰아의 핵심 사상이다.

2000년 9월 4일 제22차 베뢰아 특별집회에서 김기동 목사는 창세기

1:26의 창조의 주체를 천사로 표현했다.

"창세기 1:26을 보면 '하나님이 가라사대 우리의 형상을 따라'라고 했습니다. 하나님의 아들은 하나님의 형상인데 그 형상을 따라 천사들을 인간들보다 먼저 하늘에 지어놓으셨습니다. 여호와의 사자가 여호와의 역할을 한 것을 보면 천사들과 조물주의 형상이 동일함을 말해주는 것입니다. 천사들의 형상보다 못한 몸을 가진 존재(몸을 가진 사람을 말함)를 만들려고 하니까 '우리가 우리의 형상대로 사람을 만들자'라고 한 것입니다. 천사는 조물주가 아니고 하나님이 일하시는 곳에서 수종드는 자들입니다. 의사가 수술을 집도할 때 간호사들에게 '가위!' '메스!' '바늘!' 하는 것과 같습니다."(2000. 9. 4. 베뢰아국제대학원대학 강의 녹취본 p.9)

"어떤 사람들은 나보고 '이중 아담론'이니 어쩌구 합니다. 저들이 내 말을 들어보지도 아니하고 그냥 핍박하기 위해서, 이단 만들기 위해서 말을 만든 것입니다. 나는 오직 성경을 말하는 사람입니다. 창세기 1:26에 나오는 '우리가'라는 말은 사람들을 이해시키기 위하여 성부와 성자와 성신이라고 말합니다. 그러나 그렇지 않습니다. 만일 '우리'라는 말의 의미를 성부와 성자와 성신이라고 한다면 이는 삼신(三神)이 돼버립니다. 하나님께서 '우리'라는 말을 했다고 해서 그렇게 말하면 안됩니다."(베뢰아 제22차 특별집회, 테이프 1번).

김기동 목사는 창세기 1:16의 "우리"라는 말은 천사를 뜻한다고 말한다. 즉 천지를 창조한 것이 하나님이 아니라 하나님의 이름을 가진 천사, 즉 "여호와의 사자"라는 것이다.

(엡 1:4-6) 곧 창세 전에 그리스도 안에서 우리를 택하사 우리로 사랑 안에서 그 앞에

거룩하고 흠이 없게 하시려고 그 기쁘신 뜻대로 우리를 예정하사 예수 그리스도로 말미암아 자기의 아들들이 되게 하셨으니 이는 그의 사랑하시는 자 안에서 우리에게 거저 주시는 바 그의 은혜의 영광을 찬미하게 하려는 것이라

하나님은 창세 전에 그 아들과 함께 하나님의 자녀의 자격을 주셔서 예수가 누리는 복을 함께 누리도록 작정하셨다.(요1:12-14). 그러므로 예수 그리스도를 영접하여 하나님의 자녀 된 권세를 가진 자는 예수 그리스도와 함께 하나님의 자녀로서 하나님의 후사가 될 수 있다.

(갈 4:4-7) 때가 차매 하나님이 그 아들을 보내사 여자에게서 나게 하시고 율법 아래 나게 하신 것은 율법 아래 있는 자들을 속량하시고 우리로 아들의 명분을 얻게 하려 하심이라 너희가 아들 인고로 하나님이 그 아들의 영을 우리 마음 가운데 보내사 아바 아버지라 부르게 하셨느니라 그러므로 네가 이후로는 종이 아니요 아들이니 아들이면 하나님으로 말미암아 유업을 이을 자니라

우리는 예수 그리스도와 함께 하나님의 후사의 자격을 부여받은 자들이다. 하나님의 아들이신 그리스도 예수와 동등한 자격으로 그리스도가 받는 후사를 함께 받을 하나님의 아들이다. 그리스도와 함께 하나님의 후사가 된 우리는 장차 예수님과 같은 영광의 몸을 입고 영광의 자리에 앉을 것이다.

(엡 2:1-7) 너희의 허물과 죄로 죽었던 너희를 살리셨도다 그때에 너희가 그 가운데서 행하여 이 세상 풍속을 좇고 공중의 권세 잡은 자를 따랐으니 곧 지금 불순종의 아들들 가운데서 역사하는 영이라 전에는 우리도 다 그 가운데서 우리 육체의 욕심을 따라 지내며 육체와 마음의 원하는 것을 하여 다른 이들과 같이 본질상 진노의 자녀이었더니 긍휼에 풍성하신 하나님이 우리를 사랑하신 그 큰 사랑을 인하여 허물로 죽은 우리를

그리스도와 함께 살리셨고(너희가 은혜로 구원을 얻은 것이라) 또 함께 일으키사 그리스도 예수 안에서 함께 하늘에 앉히시니 이는 그리스도 예수 안에서 우리에게 자비하심으로써 그 은혜의 지극히 풍성함을 오는 여러 세대에 나타내려 하심이니라

30. 베뢰아가 주장하는 예수가 세상에 오신 목적

(요일 3:4-9) 죄를 짓는 자마다 불법을 행하나니 죄는 불법이라 그가 우리 죄를 없이 하려고 나타내신 바 된 것을 너희가 아나니 그에게는 죄가 없느니라 그 안에 거하는 자마다 범죄하지 아니하나니 범죄하는 자마다 그를 보지도 못하였고 그를 알지도 못하였느니라 자녀들아 아무도 너희를 미혹하지 못하게 하라 의를 행하는 자는 그의 의로우심과 같이 의롭고 죄를 짓는 자는 마귀에게 속하나니 마귀는 처음부터 범죄함이라 하나님의 아들이 나타나신 것은 마귀의 일을 멸하려 하심이라 하나님께로서 난 자마다 죄를 짓지 아니하나니 이는 하나님의 씨가 그의 속에 거함이요 저도 범죄치 못하는 것은 하나님께로서 났음이라

요한일서는 사도 요한이 쓴 편지이다. 사도 요한은 초대 교회의 장로였으며, 밧모섬에 유배되기 전 요한 1,2,3서를 기록했다. 요한은 여러 교회들에게, 하나님은 빛이 되시며, 사랑이시고, 생명과 믿음의 확신을 주시는 분이심을 강조하면서, 교회 안에 침투한 이단을 경계하기 위해 요한일서를 기록했다.

요한일서 4절, 8절, 9절에서 "죄를 짓다"(practices sin)라는 헬라어 "포이온"이라는 단어의 시제(tense)는 현재분사, 능동태 동사로, 죄를 한 번으로 그치지 않고 계속적으로 반복해서, 그리고 습관적으로 짓는 것을 의미한다. "죄를 짓는 것"(committing a sin)과 "죄를 계속해서 짓는 것"(continuing a sin)은 다르다. 믿음의 사람은 죄를 항상 사모하거나 반복적으로 짓지 않는다. 믿음의 사람은 혹시 죄를 지어도 주님께 고백하고 회개하며 용서를 구한다.

그렇다면 "마귀의 일"이란 무엇인가?

예수께서는 요한복음 8:44에서 "마귀의 일"(the work of the devil)이 무엇인지 명백하게 말씀해 주셨다. 영어 성경(NASB)으로 보면 그 뜻이 더욱 선명해진다.

(요 8:44) 너희는 너희 아비 마귀에게서 났으니 너희 아비의 욕심을 너희도 행하고자 하느니라 저는 처음부터 살인한 자요 진리가 그 속에 없으므로 진리에 서지 못하고 거짓을 말할 때마다 제 것으로 말하나니 이는 저가 거짓말쟁이요 거짓의 아비가 되었음이니라

[NASB] You are of your father the devil, and you want to do the desires of your father. He was a murderer from the beginning, and does not stand in the truth because there is no truth in him. Whenever he speaks a lie, he speaks from his own nature, for he is a liar and the father of lies.

(롬 5:12) 이러므로 한 사람으로 말미암아 죄가 세상에 들어오고 죄로 말미암아 사망이 왔나니 이와 같이 모든 사람이 죄를 지었으므로 사망이 모든 사람에게 이르렀느니라

(엡 2:1-7) 너희의 허물과 죄로 죽었던 너희를 살리셨도다 그때에 너희가 그 가운데서 행하여 이 세상 풍속을 좇고 공중의 권세 잡은 자를 따랐으니 곧 지금 불순종의 아들들 가운데서 역사하는 영이라... 긍휼에 풍성하신 하나님이 우리를 사랑하신 그 큰 사랑을 인하여 허물로 죽은 우리를 그리스도와 함께 살리셨고... 또 함께 일으키사 그리스도 예수 안에서 함께 하늘에 앉히시니

마귀의 일은 인간을 도덕적, 육체적, 지적, 그리고 영적으로 많은 해악을

끼친다. 마귀는 도덕적 타락으로 이끌며, 하나님께 대한 순종보다 악을 선택하게 만든다. 따라서 사람으로 하여금 욕심에 이끌리게 하여 결국은 사망에 이르게 하는 것이다. 이것이 "마귀의 일"이다.

(갈 1:4) 오직 각 사람이 시험을 받는 것은 자기 욕심에 끌려 미혹됨이니 욕심이 잉태한 즉 죄를 낳고 죄가 장성한즉 사망을 낳느니라

마귀는 질병을 일으키기도 하며, 사람들로 하여금 시련을 당하게 하여 하나님을 저주하도록 만든다. 또한 마귀는 거짓 교리를 가르치며 사람들을 진리에서 떠나게 만든다. 마귀는 믿는 자들로 하여금 하나님의 말씀을 의심하게 만들며, 진리와 복음의 눈을 멀게 만든다. 이것이 "마귀의 일"이다.

마귀는 사람의 마음속에 뿌려진 하나님의 말씀을 낚아채기도 한다. 이것이 "마귀의 일"이다.

디모데후서 3장의 말씀처럼 마귀는 사람들로 하여금 자기를 사랑하며, 돈을 사랑하며, 뽐내며, 교만하며, 하나님을 모독하며, 부모에게 순종하지 않으며, 감사할 줄 모르며, 불경스러우며, 무정하며, 원한을 풀지 않으며, 비방하며, 절제가 없으며, 난폭하며, 선을 좋아하지 않으며, 배신하며, 무모하며, 자만하며, 하나님보다 쾌락을 더 사랑하며, 겉으로는 경건하게 보이나, 경건의 능력은 부인하게 만든다. 이것이 "마귀의 일"이다.

마귀는 성도들을 무너뜨리길 원하며, 그리스도를 따르지 않도록 한다. 또한 성도가 하나님께 영광을 돌리지 못하게 만들고, 하나님의 목적과 계획에서 벗어나게 한다. 또한 우리로 하여금 그리스도에 대한 우리의 사랑을 식게 만들며, 서로 사랑하는 것을 방해한다. 마귀는 성도들로 하여금 오락

이나 섹스와 포르노 같은 중독으로 유인하며, 하나님과 교통하는 것을 막는다. 이것이 "마귀의 일"이다.

마귀는 처음부터 살인자로서 생명이신 하나님을 거스르는 일을 한다. 마귀는 또한 처음부터 거짓말쟁이로 하나님의 진리를 거스르게 만든다. 마귀는 불신자들이 하나님께 돌아오는 길을 막으며, 그리스도에 대한 믿음을 갖지 못하게 한다. 마귀는 인간으로 하여금 둘째 사망에 빠지게 하며, 성도의 삶을 죄로 유혹하여 그리스도를 위한 삶을 깨뜨린다. 이것이 "마귀의 일"이다.

예수님은 이러한 "마귀의 일"을 멸하러 오셨다. "마귀를 멸하러" 오신 것이 아니라 "마귀의 일"을 멸하기 위해 오신 것이다. 예수는 로마 군인들에게 체포되어 십자가에 달리실 때가 가까웠을 때 "이제 이 세상의 심판이 이르렀으니 이 세상 임금이 쫓겨나리라"(요 12:31)고 말씀하셨다. 그는 우리의 죄와 허물을 대신 지시고 형벌을 받으셨다. 그러므로 그때로부터 마귀는 예수 안에 있는 우리를 향한 권리나 권한은 없다. 그 분이 십자가에서 죽으심으로 "마귀의 일"은 완전히 파괴되었다.

31. 베뢰아의 "하나님의 형상과 모양"에 대한 해석

"인자는 하나님의 형상이고 인류는 그의 모양입니다. 많은 사람이 '형상'이란 단어를 성품으로만 이해합니다. 그러나 분명히 인류는 그 형상의 모양대로 만들었다고 했습니다. 원어를 이해하는데는 객관성이 있어야 합니다. 아담이란 '영의 사람'이란 뜻입니다. 우리말 성경에는 창세기 1:27의 아담은 '사람'이라 번역되었지만, 2:19부터는 '아담'이라 번역되어 있습니다. 원어를 이해하는데는 객관성이 있어야 합니다. 한 단어가 있는데 단어의 뜻이 여럿일 때는 문맥에 맞는 것을 선택해야 합니다. 예수는 사람이시고 우리는 그 사람의 모양, 곧 형상의 모양입니다."(베원, p.486-488)

"하나님의 아들은 하나님의 형상이신데 아버지 품속에서 나오실 때만 하나님의 형상이 나타납니다. ... 예수는 사람이시고 우리를 그 사람의 모양, 곧 형상의 모양입니다. '하나님의 형상의 모양'은 곧 사람이란 말입니다. 예수가 사람을 닮은 것이 아니라 사람이 예수를 닮은 것입니다. 우리는 그 형상의 모양대로 지음 받은 것이므로 오리지널(original)이 아니고 그의 모양입니다."(베원, p.488)

인간이 하나님의 '형상'(צֶלֶם,쩰름, image) 또는 '모양'(דְּמוּת; 드무쓰, likeness)을 따라 지음을 받았다는 말은 인간이 하나님을 '닮은'(resemble) 존재임을 말해준다. 히브리어 '형상'이란 말은 동상(銅像), 모델(model), 이미지(image)라는 말로 사용되며, 히브리어 '모양'은 추상명사로 어근(語根)은 '같다' 또는 '닮다'라는 뜻이다. 이 두 단어는 서로 유사한 용어지만 "형상이란 모양을 말하는 것이다"라는 김기동의 주장과는 다르다. 창세기에서 사용된 이 두 단어는 창조주 하나님의 존재와 기능을 반영하는 것으로 인간을 설명하기 위해 사용되었다.

"모양"이란 단어는 외형적인 어떤 모습을 말하는 것이 아니라 정신적이며 영적인 면을 강조한다. 창세기 5:3에는 "아담이 130세에 자기 모양 곧 자기 형상과 같은 아들을 낳아"라로 기록되었다. 인간이 하나님의 형상을 따라 지음을 받았다는 것은 영적인 능력, 즉 하나님과 관계를 맺고, 그에게 부여된 하나님께서 지으신 생물들을 다스릴 수 있는 것을 말한다. "우리의 형상을 따라 우리의 모양대로"(In our image, after our likeness)에서 사용된 "형상"과 "모양"이란 말은 출애굽기 25:9에서 "식양"(pattern)이란 유사한 단어로 나타난다.

(출 25:9) 무릇 내가 네게 보이는대로 장막의 식양과 그 기구의 식양을 따라 지을찌니라

패턴(pattern)은 형상과 모양을 말하며, 프랑스어 patron에서 온 것으로, 되풀이되는 어떤 사건이나 물체의 형태를 가리킨다. 그러므로 하나님의 형상을 따라(in image), 모양대로(in likeness) 지음을 받은 인간은 하나님을 닮았을 뿐 하나님이 된 것은 아니다. 하나님의 형상을 따라 지음을 받았다는 것은 인간의 내면적인 요소, 즉 하나님의 속성을 두고 하는 말이다. 이것은 인간이 동물과는 전혀 다른 피조물이며, 하나님께서 지상에 창조하신 바다의 고기와 공중의 새와 땅이 움직이는 모든 생물을 다스릴 수 있는 영적 존재로서 하나님과 교통할 수 있는 유일한 존재였다.

(창 1:28) 하나님이 그들에게 복을 주시며 그들에게 이르시되 생육하고 번성하여 땅에 충만하라. 땅을 정복하라. 바다의 고기와 공중의 새와 땅에 움직이는 모든 생물을 다스

리라 하시니라

인간이 하나님을 닮았다(모양, likenesss)라는 말은 외형적인 모양을 두고 하는 말이 아니며, 인간이 하나님의 속성을 지닌 존재라는 것을 말한다. 인간은 하나님처럼 이성적(rational)이며, 의지의 결단력을 지닌 존재로(volitional) 지음 받았고, 이치와 순리를 따지고 선택할 수 있는 능력을 지닌 존재이다. 이것은 하나님의 지성과 자유를 반영하는 것이며, 누군가가 기계를 작동시키고, 책을 쓰고, 풍경을 그리거나, 교향곡을 작곡하고 또는 즐기거나, 돈을 계산하거나, 애완동물의 이름을 지을 때마다, 인간은 하나님의 형상대로 지음을 받았다는 것을 스스로 증거하고 선포한다. 참으로 인간은 하나님을 닮은 참으로 신비로운 존재다.

그러나 뱀의 유혹으로 죄를 지음으로써 망가진 인간의 하나님의 형상을 회복하러 오신 분이 계시니 그분이 바로 예수 그리스도시다. 성경은 그것을 "옛사람을 벗어 버리고 새사람을 입는다"라고 말씀하셨다. 예수 그리스도를 나의 구주로 영접하는 순간, 하나님께서 지으신 원래의 모습으로 돌아가는 것이다.

(엡 4:20-24) 오직 너희는 그리스도를 이같이 배우지 아니하였느니라 진리가 예수 안에 있는 것 같이 너희가 과연 그에게서 듣고 또한 그 안에서 가르침을 받았을 찐대 너희는 유혹의 욕심을 따라 썩어져 가는 구습을 좇는 옛사람을 벗어 버리고 오직 심령으로 새롭게 되어 하나님을 따라 의와 진리의 거룩함으로 지으심을 받은 새사람을 입으라

(고후 5:17) 그런즉 누구든지 그리스도 안에 있으면 새로운 피조물이라 이전 것은 지나갔으니 보라 새것이 되었도다

우리가 예수 그리스도 안에 거할 때 우리는 과거의 사람이 아니며, 전혀 새로운 피조물, 즉 원래 지음 받은 하나님의 형상으로 돌아가게 된다.

III.

베뢰아가
한국교계에 끼친 영향과
인터콥 선교회 대표
C 목사와 베뢰아

◆ ◆ ◆

1980년대 성락교회와 베뢰아 아카데미를 통해 김기동 목사의 주장을 배우고 이를 추종하는 자들이 한국교계에 하나의 흐름을 형성했다. 그 대표적인 인물이 G교회 H목사와 L선교회 L목사이다. H목사와 L씨는 1980년 5월, 베뢰아 제1기로 수료했으며, J교회 L목사, M교회 L목사는 H목사가 인도하던 강남의 그레이스 아카데미 출신이다.

김기동 목사의 말에 따르면 Y교회 Y목사, O교회 H목사, J교회 J목사, 인천J교회 N목사, M교회 L목사, S교회 K목사, A교회 K목사가 모두 자신의 제자라고 말한 바 있다.

물론 당시에는 베뢰아에 대한 이단 규정도 없었고, 베뢰아 교리도 오늘날 처럼 정립이 되어 있지 않았기 때문에 초교파적으로 많은 목사들이 베뢰아 강의에 참석했다. 필자는 위에 열거한 자들이 지금도 베뢰아 김기동 목사의 주장을 그대로 추종한다고 믿지 않는다. 그러나 위에 열거한 일부 목사들 중에는 김기동 목사의 베뢰아와 유사한 교리를 가르친 적이 있었다는 것은 결코 우연은 아닐 것이다.

최근 인터콥 선교회 대표 최바울(본명 최한우) 목사의 행보가 관심을 받고 있다. 앞서 언급한 바와 같이 베뢰아의 핵심인 〈베뢰아 원강〉은 모두 3부로 구성되어 있는데, 1부는 성경을 보는 안경, 2부는 '하나님의 의도', 3부는

'복음중재론'이다. 이 중에 베뢰아의 핵심 사상인 '하나님의 의도'는 최바울 선교사의 〈세계영적도해, 2004년〉에 언급된 '하나님의 사정'의 뿌리이다. 뉴욕에서 필자와 만난 자리에서 최바울 선교사도 이것을 시인한 바 있다. 그러나 이 사실이 밝혀지자 인터콥측은 다음과 같은 주장을 했다.

1. 2011년 인터콥측의 주장

"세계영적도해 책 내용은 2년 전 연인원 약 500명이 참가하는 뉴욕 목회자 모임에서 최바울 선교사가 강의했던 내용입니다. 당시 그 어떤 목회자도 신학적 문제를 제기하지 않았습니다. 이 책은 400쪽 분량인데 전체를 고려하지 않고 극히 일부 앞부분 20쪽 내에서 짜집기로 일부 구절을 발췌하여 비판한 것은 전체를 고려하지 않는 것으로 적절치 않습니다. 최바울 선교사 서적들에 대해서 한국의 정평있는 신학자들이 추천하였습니다. 총신대 총장 김○○ 교수, 고신대 학장(총장) 전○○ 교수, 횃불트리니티신학대학원 대학교 총장 김○○ 교수(세계복음주의연맹WEA 총재, 아시아신학교연맹ATA 회장), 총신대 선교대학원장 강○○ 목사(한국세계선교협의회 회장), 온○○교회 하○○ 목사, 지○○교회 이○○ 목사, 순복음○○교회 최○○ 목사 등 여러분이 추천하였습니다. 그런데 몇 구절을 발췌하여 앞뒤 정황 없이 비난하는 것은 목회자 양심을 넘어서는 것입니다."

필자는 성락교회 개척 교인으로 베뢰아 아카데미 1기부터 20기까지 행정담당 목사, 성락교회 수석 부목사, 서울침례신학교(현 베뢰아국제대학원대학교) 초대 교학과장을 역임했다. 베뢰아 제1기부터 20기까지 전(全) 강의를 수강했고, 베뢰아를 직접 가르쳤던 자로서 인터콥측의 이러한 반론은 설득력이 없다고 생각한다. 따라서 필자는 2012년 2월 미주뉴스앤조이에 다음과 같은 글을 게재하였다.

2. 2012년 2월 15일, 필자의 반론(미주 뉴스앤조이)

"요즘 세간에 화제가 되고 있는 인터콥(대표 최바울)의 베뢰아 무관련성에 대한 반론을 주목하고 있다. 본능적인 몸부림을 이해할 수 있지만 진리를 훼파하는 베뢰아 사상과 관련된 부분을 끝까지 비껴가려는 모습은 옳지 않다는 생각이 든다."

인터콥측은 "핵심 내용은 '세계영적도해 앞부분'에 대한 것이고, 또 한 가지는 최바울 선교사가 30년 전 성락교회에 1년 7개월 다니다가 문제가 있어 20여 명의 청년들과 탈퇴하고 나왔는데, 베뢰아의 관계성을 비난하는 것입니다."라고 말하고 있다. 또한 한국의 저명한 목사들과 신학대학 교수들이 최바울 대표의 〈세계영적도해〉를 추천했다면서 이렇게 말했다.

"최바울 선교사는 잠시 그곳(성락교회)에 있다가 신학적 문제가 있어서 20여 명의 대학생 청년들을 데리고 탈퇴하여 나왔습니다. 이후 이들 탈퇴자들은 서울 사○○○회와 서울 온○○○회 등으로 들어가 지금까지 신실하게 봉사하고 있으며 또 약 50%는 지금도 선교 활동을 하고 있습니다. 세계영적도해를 포함하여 최바울 선교사 서적은 세계복음주의협회회(WEA) 총재 김○○ 목사, 총신대 전총장 김○○ 교수, 온○○○회 하○○ 목사, KWAM 회장 강○○ 목사 등이 추천하고 있습니다. 합동교단에서 2008년 1년 동안 최바울 선교사의 신학적 문제 여부를 조사하기 위해 그의 서적(세계영적도해 포함)과 설교를 연구 조사하였으나 신학적 이단성은 없는 것으로 결론 내렸습니다. 최바울 선교사는 이단으로 규정된 성락교회 김기동 목사의 CBA 출신이라는 말에 대해서는 '대학시절 IVF 활동을 했는데, 복음에 대한 갈망으로 1년 7개월 동안 성락교회에 출석했다. 그런데 베뢰아 신학의 비인격적인 문제점을 반대해 다른 핵심 멤버들을 데리고 탈퇴했다'고 밝혔습니다. 성락교회 김기동 목사의 베뢰아신학에 대한 주요 교단들의 이단판정 시기는 성락교회는 고신(1991), 합동(1991), 통합(1992), 합신, 기성, 기침(1987년)에 이단판정을 받았습니다. 최바울 선교사가 CBA 활동했던 시기는 이단 판정 받기 전이었습니다."

최바울 선교사가 30년 전 성락교회에 1년 7개월 다니다가 문제가 있어 20여 명의 청년들과 탈퇴하고 나왔다는 것은 최바울 선교사의 일방적인 주장일 뿐이다. 그러한 주장은 성락교회 개척 교인이며, 성락교회 수석 부목사를 역임했던 필자가 볼 때 구차한 변명으로 보인다. 또한 필자는 최바울 선교사의 〈세계영적도해, 2004년〉를 추천한 자들이 해당 책을 신중하게 읽었다고 생각하지 않는다. 만일 읽었다 해도 베뢰아의 핵심 주장이 무엇인지 알지 못했다면 책의 근본적인 문제점을 발견하지 못했을 것이다.

3. 최바울 대표 <세계영적도해, 2004년>와 베뢰아는 어떤 관계가 있는가?

"인간을 창조하기 전부터 하나님의 사정이 있었다는 것입니다. 하나님의 사정! 그렇습니다. 이 우주 창조 이전에 하늘에서 하나님의 사정이 있었습니다. 전능하신 창조주 우주의 왕 하나님께 사정이 있었다는 것은 엄청난 이야기입니다."(최바울, 세계영적도해, p.35)

"하나님의 역사는 처음부터 파라독스로 일관합니다. 에덴의 사건도 역시 그렇습니다. 그러나 그 안에 진실이 있습니다. 그것은 하나님의 사정입니다. 그래서 우리는 우리의 수준으로 '하나님 왜 그렇게 이상하게 하셨나요'라고 주장하거나 반박할 것이 아니라 하나님의 사정을 이해하고 하나님의 심정을 가져야 합니다."(최바울, 같은 책, p.36)

"주님은 사단을 정죄하길 원하셨던 것입니다. 하늘에서 범죄 한 사단을 영원히 저주하길 원하셨던 것입니다. 그리고 그것을 에덴에서 한 것입니다. 사단은 처음부터 하나님께 대적한 범죄 한 천사이고 저주받아 마땅한 존재였습니다. 그래서 아담과 하와는 사단을 고소하였고, 하나님은 합법적으로 사단을 정죄하신 것입니다. 이렇게 하여 하나님의 사정이 풀어지는 것입니다."(최바울, 같은 책, p. 39)

"마침내 깨달은 것은 하나님이 인간을 만드신 것과 뱀이 접근해서 아담을 꼬이는 것을 보고도 침묵하고 바라만 보셔야만 했던 것 사이에 깊은 내적 상관관계가 있다는 것이었습니다. 이것은 하나님이 왜 육체를 입고 이 땅에 오셔야만 했는지와도 관련이 있습니다."(P34)

이 외에도 〈세계영적도해, 2004년〉에는 베뢰아가 주장하는 하나님과 사탄의 이원론적 사상, 삼위일체론의 양태론, 우주와 인간 창조에 대한 베뢰아의 비성경적 사상이 내포되어 있다. 2012년 2월, 최바울 선교사는 자신의 책을 비판하는 필자를 직접 찾아왔다. 필자는 그에게 베뢰아의 가르침을 추종하지 말 것, 〈세계영적도해, 2004년〉에 있는 베뢰아 주장을 삭제할 것을 조언했다. 그는 필자의 조언을 전적으로 수용했지만 그가 보내온 수정본에는 필자와 약속한 것은 이행되지 않았고 '하나님의 사정' 외에 나머지는 이전 내용과 거의 대동소이 했다.

위에 열거한 인물들이 모두 현재도 김기동 목사의 〈베뢰아 원강〉의 내용을 그대로 믿고 가르친다는 것은 결코 아니다. 그들 역시 필자처럼 베뢰아의 심각한 이단성을 깨닫고 진리로 돌아온 자들이 대부분이다. 또한 김기동 목사의 주장을 가르치지도 않는다. 그럼에도 불구하고 위에 열거한 인물들은 베뢰아 아카데미 1기부터 20기까지 베뢰아 행정담당 목사였던 필자가 일부러 꾸며낸 것이 아니라는 점을 밝히고 싶다.

IV.

결론

◆ ◆ ◆

필자는 수십 년 동안 베뢰아와 성락교회의 사역자로 베뢰아 1기부터 20기까지 모두 배웠고, 김기동 씨가 주장하는 〈베뢰아〉를 위해 젊음을 바쳤다. 그러나 1992년 시카고 성락교회 담임목사로 사역하면서 1998년 베뢰아의 이단성을 깨닫고 베뢰아를 떠나 진리로 돌아왔다. 귀신을 쫓지 못하거나 반대하는 목사는 교회에서 축출해야 하며 사례비를 주어서는 안된다는 김기동 목사의 말을 적극 믿고 추종하면서 그들을 멸시하며 조롱하였다. 그러한 오만방자한 삶을 회개하고 모든 잘못을 하나님 앞에서 진심으로 회개하였다.

이단에 빠진 자들은 자신이 이단인 줄 모르며 그것을 핍박이라고 생각한다. 필자 역시 그런 부류 중 한 사람이었다. 그러나 필자가 이단에서 빠져나올 수 있었던 것은 첫째는 하나님의 은혜가 우선이다. 그리고 주변 동역자들의 사랑과 도움과 그리고 지속적인 신학공부였다. 이단에서 돌이켜 진리로 돌아오려면 이러한 도움과 노력이 절대 필요하다.

한국교회의 정통교단들은 김기동을 이단으로 규정하였는데 그의 이단성은 앞에서 살펴본 바와 같이 계시론, 창조론, 신론, 기독론, 인간론, 구원론, 귀신론, 교회론, 종말론 등 거의 모든 분야에서 이단성이 나타나기 때문이다. 귀신은 불신자의 사후존재라는 주장 때문이 결코 아니다. 베뢰아의 저급한 내용과 수준 낮은 교리는 다른 이단들과 비교도 되지 않으며, 굳이 시간을 내어 연구할 가치조차 없을 정도로 비성경적인 주장이 너무나 많다. 베뢰아를 추종하거나 가르치는 자들은 그리스도 안에서 한 형제로서 공존할 수 없는 무리들이다.

우리 주변에는 이러한 이단에 시달리고 있는 그리스도인들이 많으며, 많은 영혼들이 이단들의 달콤한 유혹에 넘어가고 있다. 하나님의 교회와 복음을 위해 부르심을 받은 하나님의 일꾼들은 자신에게 주어진 목회에 전념하는 것은 물론 하나님의 진리와 교회를 어지럽히는 이단들을 경계하고 복음을 수호해야 하는 사명도 있다는 점을 결코 잊어서는 안 된다.

한 영혼이 구원받아 천국에 들어가기까지 실로 엄청난 마귀의 간악한 궤계를 이겨내야 한다. 존 번연의 천로역정에서 크리스찬이 무거운 짐을 지고 천신만고 끝에 하늘의 도시에 당도하는 것처럼 구원받은 그리스도인들이 걸어가야 하는 여정에는 험난한 과정들이 첩첩산중으로 가로 막고 있다. 어쩌면 하나님께서는 이런 사이비 이단들을 보내어 알곡을 골라내시고 우리에게 영적인 재무장을 요구하고 계신지도 모른다. 하나님께서 우리를 진리 가운데로 인도해 주시기를 간절히 기도하면서 글을 맺는다.

참고도서

정동섭, 구원파를 왜 이단이라 하는가,(죠이선교회, 2010)

R.C. 스프라울, 쉽게 쓴 성서해석학(아가페출판사,1993)

김영무, 김구청, 챠트로 본 이단과 사이비(아가페문화사,2004)

나용화, 칼빈과 개혁신학(기독교문서선교회, 1993)

도널드 거스리, 신약서론(크리스챤 다이제스트, 1996)

루이스 벌코프, 조직신학(크리스챤 다이제스트, 1991)

밀라드 에릭슨, 조직신학(기독교문서선교회,1994)

안유섭, 원어로 여는 성경(도서출판 프리셉트, 1999)

정동섭, 구원파를 왜 이단이라 하는가?(죠이선교회,2004)

최삼경, 베뢰아 귀신론을 비판한다(기독교문화사, 1990)

칼빈, 기독교 강요(생명의 말씀사, 1992)

헨리 디이슨, 조직신학 강론(생명의 말씀사, 1980)

글리슨 아쳐, 구약총론(기독교문서선교회, 1995)

F.F. 브루스, 바울신학(기독교문서선교회, 1993)

엘론 로스, 창세기(도서출판 두란노, 1998)

에드워드 J. 영, 창세기 제3장연구(도서출판 엠마오,1991)

김영무, 김구철, 이단과 사이비(아가페문화사,2004)

최병규, 이단 진단과 대응(은혜출판사, 2004)

권성수, 성경해석학(총신대학출판부,1991)

박창환, 성경의 형성사(대한기독교서회,1997)

대전광역시 기독교연합회 이단사이비대책위원회,우리시대의 이단들(두란노, 2007)

알버트 반즈 주석, 창세기(상)(크리스챤서적, 1987)

김기동, 베뢰아 원강(도서출판베뢰아, 2005)

김기동, 마귀론(도서출판 베뢰아, 1985)

김기동, 성령을 알자(도서출판 베뢰아, 1986)

김기동, 성서적 신학적 현상적 마귀론(도서출판 베뢰아, 1988)

김기동, 미혹의 영(도서출판 베뢰아, 1985)

김기동, 귀신은 과연 존재하는가(베뢰아, 2007)

김기동, 마귀란?(마귀론 上)(도서출판 베뢰아, 2003)

김기동, 마귀론(下)(도서출판 베뢰아, 1986)

김기동, 하나님을 알자(도서출판 베뢰아, 2003)

김기동, 예수를 알자(도서출판 베뢰아, 1990)

김기동, 하나님의 의도(도서출판 베뢰아, 1987)

김기동, 미혹의 영이란?(도서출판 베뢰아, 1985)

김기동, 인자가 온 것은(도서출판 베뢰아, 1983)

김기동, 이야기가 있는 산(도서출판 베뢰아, 2004)

예영수 外 4人, 한국교회 신학자들이 본 마귀론 이해(은성출판사, 1998)

최삼경, 베뢰아 귀신론을 비판한다(기독교문화협회, 1990)

원세호, 성경에 조명된 베뢰아 귀신론 비판(국제신학연구소, 1987)

헨리 디이슨, 조직신학 강론(생명의 말씀사, 1980)

고든 피, 성경을 어떻게 읽을 것인가(성서유니온, 1988)

스테판 원어성경 구약(상.하) 및 신약(원어성서원, 1994)

헤르만 바빙크, 개혁주의 신론(기독교문서선교회, 1984)

최바울, 세계영적도해(도서출판 펴내기, 2004)

최바울, 왕의군대(도서출판 펴내기, 2004)

James Leo Garrett Jr., Systematic Theology Vol.I,II (William Eerdman,1990)

Gleason Archer Jr., A Survey of Old Testament Introduction(Moody Press, 1994)

Millard J. Ericson, Christian Theology(Baker Book House,1985)

Berkhof, L.,Systematic Theology(Eerdmans 1981)

Calvin J., Institutes of the Christian Religion(Eerdmans, 2001)

R. Kittel, Biblica Hebraica(Deutsche Stuttgart, 1990)